君《きみ》のレジりんをパワーアップ！
切《き》り取《と》って使《つか》える
アイテム
付《つ》き

立《た》ち直《なお》る力《ちから》を育《そだ》てる本《ほん》

困《こん》難《なん》をしなやかに乗《の》り越《こ》える
「レジリエンス」がわかる

イラスト

ナツメ社

はじめに

「友達《ともだち》にいやな言葉《ことば》を言《い》われちゃった」「みんなの前《まえ》で発表《はっぴょう》を失敗《しっぱい》しちゃった」という日常生活《にちじょうせいかつ》のできごと。あるいは、すごくがんばったのに試験《しけん》で不合格《ふごうかく》になってしまった、突然《とつぜん》の災害《さいがい》を経験《けいけん》したといったこと。みなさんの生活《せいかつ》では、いろんなことが起《お》きていると思《おも》います。ときには、落《お》ちこんだり、「もういいや！」とちょっと投《な》げやりな気持《きも》ちになってしまったり、悲《かな》しくて何《なに》もやる気《き》が起《お》きなかったりするかもしれません。つらいことが起《お》きたら、そんな気持《きも》ちになるのは自然《しぜん》なことです。もしかすると、あなたはタイトルの「立《た》ち直《なお》る」という言葉《ことば》にひかれて、この本《ほん》を手《て》に取《と》ってくれたのかもしれません。それは、「少《すこ》しでも楽《らく》になりたい」「いい方向《ほうこう》に向《む》かうといいな」と思《おも》う気持《きも》ちがあなたの中《なか》にあるということです。

そう、そんなときこそ「レジリエンス」です。これは「立《た》ち直《なお》り力《りょく》」と言《い》われていて、大変《たいへん》なことがあって傷《きず》ついたりしても、しなやかに元《もと》にもどる心《こころ》の力《ちから》です。この本《ほん》には、そんなレジリエンスを身《み》につけていく、たくさんの「冒険《ぼうけん》」があります。そして、この「冒険《ぼうけん》」にチャレンジする主人公《しゅじんこう》は、「あなた」です。と言《い》っても、一人《ひとり》じゃありません。あなたのそばで応援《おうえん》してくれたり、アドバイスをしてくれたりするのはレジリエンスの妖精《ようせい》「レジりん」です。実《じつ》は、この「レジりん」はどの人《ひと》の心《こころ》の中《なか》にもいるのです。だから、もちろん「あなた」の中《なか》にもいます。

　この本《ほん》には、あなたの「レジりん」を育《そだ》てていく方法《ほうほう》がたくさんのっています。お家《うち》や学校《がっこう》でチャレンジしてほしい「冒険《ぼうけん》」がたくさんありますので、ぜひ生活《せいかつ》の中《なか》で取《と》り組《く》んでみてください。そうすると、「レジりん」が少《すこ》しずつパワーアップしていきます。ある日、みなさんが大変《たいへん》なことに出会《であ》って落《お》ちこんだとしても、あなたの「レジりん」が活躍《かつやく》して、これまでとちがう、立《た》ち直《なお》った自分《じぶん》に会《あ》えるかもしれません。

　それでは、レジりんと一緒《いっしょ》に、冒険《ぼうけん》に出発《しゅっぱつ》しましょう！

小林朋子《こばやしともこ》

Part 1 レジリエンスって何《なに》？「レジりん」登場《とうじょう》！

Part 2 レジりんを待《ま》ち受《う》ける「わな」

Part 3 レジりんをきたえて強《つよ》くなる

Part 4 レジりん物語《ものがたり》 レジりんが活躍《かつやく》するとき

この本《ほん》の登場人物《とうじょうじんぶつ》

ナオちゃん

ドッジボールが得意《とくい》。友達《ともだち》と遊《あそ》ぶのが好《す》きでみんなと仲《なか》よくしたいと思《おも》っているよ。

ユイちゃん

本《ほん》を読《よ》むのが好《す》きで、優《やさ》しい気持《きも》ちの持《も》ち主《ぬし》。休《やす》み時《じ》間《かん》はひとりで過《す》ごすこともあるよ。

ヒロくん

サッカーとゲームが好《す》きで、勉強《べんきょう》が少《すこ》し苦手《にがて》。2つ上《うえ》のお兄《にい》ちゃんがいるよ。

落《お》ち込《こ》んでも立《た》ち直《なお》る力《ちから》を、3人《にん》と一緒《いっしょ》に身《み》につけていこう！

Part 1

レジリエンスって何《なに》？

「レジりん」登場《とうじょう》！

気持《きも》ちが落《お》ち込《こ》んだらどうしたらいい？

帰《かえ》りの会《かい》の時間《じかん》、
先生《せんせい》が明日《あした》の予定《よてい》を
説明《せつめい》しているよ。
きちんと話《はなし》を聞《き》かなくちゃ
いけないけれど、
みんななんだか
そわそわしているみたい。
そんななか、
うかない顔《かお》をしている
お友達《ともだち》がいるね。
どうしたのかな？

Part 1 レジリエンスって何《なに》？「レジりん」登場《とうじょう》！

ナオちゃんの気持《きも》ち

いつもなら友達《ともだち》と
放課後《ほうかご》遊《あそ》ぶ約束《やくそく》をするけど……
今日《きょう》は、朝《あさ》会《あ》ったときに
あいさつを無視《むし》されちゃったから、
話《はな》しかけにくいな……

ナオちゃんは、お友達《ともだち》に
あいさつをしたのに
返事《へんじ》が返《かえ》って
こなかったんだね。
どうしてなのかわからず、
もやもやしている。
ユイちゃんは、みんなと
遊《あそ》んだときのことを思《おも》い出《だ》して
少《すこ》しさびしい気持《きも》ちに
なっているよ。
ヒロくんは、
返《かえ》ってきたテストの点数《てんすう》が
よくなかったみたい。
おうちで、お母《かあ》さんに
しかられるかもしれないと
思《おも》うと、ゆううつなんだね。

ユイちゃんの気《き》持《も》ち

休《やす》み時間《じかん》に
おにごっこに参加《さんか》したけど、
だれも私《わたし》のことを
追《お》いかけてこなかった。
私《わたし》って本当《ほんとう》にみんなから
友達《ともだち》だと思《おも》われているのかな……

ヒロくんの気《き》持《も》ち

点数《てんすう》の悪《わる》いテストを
持《も》って帰《かえ》るの、いやだなあ……
これじゃあ、
またお兄《にい》ちゃんと
くらべられちゃうよ。
家《いえ》に帰《かえ》りたくないな。

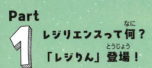

気《き》持《も》ちはいつも ゆれうごいている

だれだって
楽《たの》しいときもあれば、
落《お》ち込《こ》むこともあるよ。
1日《にち》の中《なか》でも、
気《き》持《も》ちは
ゆれうごいているんだ。

楽《たの》しい夢《ゆめ》を見《み》て、
いい気分《きぶん》で
目覚《めざ》めたよ。

朝《あさ》ご飯《はん》に苦手《にがて》なヨーグルトが
あってちょっとイライラした。

ちゃんと
あいさつしたのに、
返事《へんじ》がなかった……

君《きみ》にも、思《おも》い当《あ》たることはあるかな？

ぼく・私《わたし》は、

（　　　　　　　　　　）ときに

気持《きも》ちがゆれうごいたよ。

朝《あさ》のことを思《おも》い出《だ》して
ゆううつな気分《きぶん》。

席《せき》がえでとなりになった子《こ》と
話《はな》したら楽《たの》しかった！

今日《きょう》は
宿題《しゅくだい》がないんだった。
ラッキー！

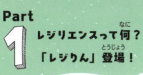

気持《きも》ちを表《あらわ》す言葉《ことば》を書《か》き出《だ》してみよう

ポジティブな気持《きも》ち

(例《れい》)

楽《たの》しい　　うれしい　　安心《あんしん》

自分《じぶん》の気持《きも》ちに名前《なまえ》をつけると、
すっきりしたり、人《ひと》に伝《つた》えやすくなったりするね。

ネガティブな気持《きも》ち

（例《れい》）

イラテイラする　　いやだ　　ずるい

ネガティブな気持《きも》ちは悪《わる》いもの？

ずっと楽《たの》しい気持《きも》ちでいたいけど、そうはいかないね。
ヒロくんは先生《せんせい》からしかられてネガティブな気持《きも》ちになっている。
ユイちゃんは大事《だいじ》にしていたものをお母《かあ》さんにすてられてしまったみたい。
ナオちゃんは、妹《いもうと》ばかりかわいがられている気《き》がしている。
ネガティブな気持《きも》ちは、悪《わる》いもの？
こういう気持《きも》ちにならないようにしないといけないのかな？

ネガティブな気持《きも》ちも大事《だいじ》な気持《きも》ち

ネガティブな気持《きも》ちとの
向《む》き合《あ》い方《かた》を知《し》っていないと、
落《お》ち込《こ》んだときにどうすればよいか
わからなくなってしまうよ。

ネガティブな気持《きも》ちがあるから
うまくいくこともあるよ。

もう怒《おこ》ったぞ

漢字《かんじ》テストなんて
楽勝《らくしょう》でしょ。
勉強《べんきょう》しなくて
いいや。

いかりを、
がんばる
エネルギーに
うまく変《か》える

明日《あした》の漢字《かんじ》
テストが不安《ふあん》……
よし、ドリルを
見直《みなお》しておこう。

ずっと落《お》ち込《こ》んでいると つらくなる

ちょっと
うまくいかないことが
あっても、
少《すこ》しくらい落《お》ち込《こ》むことが
あっても、
気持《きも》ちを切《き》りかえることは
できるような気《き》がするね。
でも、落《お》ち込《こ》むことばかり
続《つづ》いてしまうと、
つらくて立《た》ち直《なお》れなくなって
しまうことがあるよ。

つらいなあ、でもがんばろう……
もうムリ。立《た》ち直《なお》れない
落《お》ち込《こ》み～
ごめんね、力《ちから》が出《で》ない

気持《きも》ちが落《お》ちつく考《かんが》え方《かた》

あくまで
ナオちゃんたちの例《れい》だよ。
君《きみ》はどんなふうに
考《かんが》えたかな。

ナオちゃんの場合《ばあい》

あいさつしたのに
返事《へんじ》がなかったから、
無視《むし》されたと
思《おも》ったけど……

まわりに人《ひと》が
たくさんいたし、
私《わたし》の声《こえ》が聞《き》こえなかった
だけかも。

友達《ともだち》の返事《へんじ》が小《ちい》さくて、
私《わたし》に聞《き》こえなかった
だけかもしれない。

考《かんが》え事《ごと》をしていたり、
元気《げんき》がなかったり
したのかも。

とても急《いそ》いで
いたのかな。

ユイちゃんの場合《ばあい》

仲間《なかま》はずれ？って思《おも》ったけど……

参加《さんか》した子《こ》が多《おお》かったからしかたないのかな。

つかまりたくないって気持《きも》ちが、私《わたし》の顔《かお》に出《で》ていたかも。

おにからはなれたところにいたから、追《お》いかけてこなかったのかも。

ヒロくんの場合《ばあい》

テストの点《てん》が悪《わる》くてがっかりだけど……

点数《てんすう》がよいときは、ちゃんとほめてくれるんだよね。

テストの点数《てんすう》について注意《ちゅうい》してくるのは、ぼくを心配《しんぱい》しているからなのかな。

お兄《にい》ちゃんとくらべなくてもいいとは思《おも》うけど、たしかにお兄《にい》ちゃんはすごい

立《た》ち直《なお》る力《ちから》を レジリエンスという

つらいこと

こうしてへこんでも……

おし返《かえ》して
元《もと》にもどる力《ちから》があるよ。

あらためまして
こんにちは。
みんなの心《こころ》にいる、
レジリエンスの
レジりんです。

ふだんの生活《せいかつ》の中《なか》で、
心《こころ》がへこんでしまうことが
あるよね。
落《お》ち込《こ》んだときや
つらいときに、
立《た》ち直《なお》って前《まえ》に進《すす》んでいく力《ちから》を
レジリエンスというんだ。
それは、
特別《とくべつ》な勇者《ゆうしゃ》だけが持《も》っている
かたくて折《お》れない力《ちから》じゃない。
みんなも持《も》っている
力《ちから》なんだよ。
へこんでも
また元《もと》にもどる力《ちから》なんだ。

心《こころ》の元気《げんき》

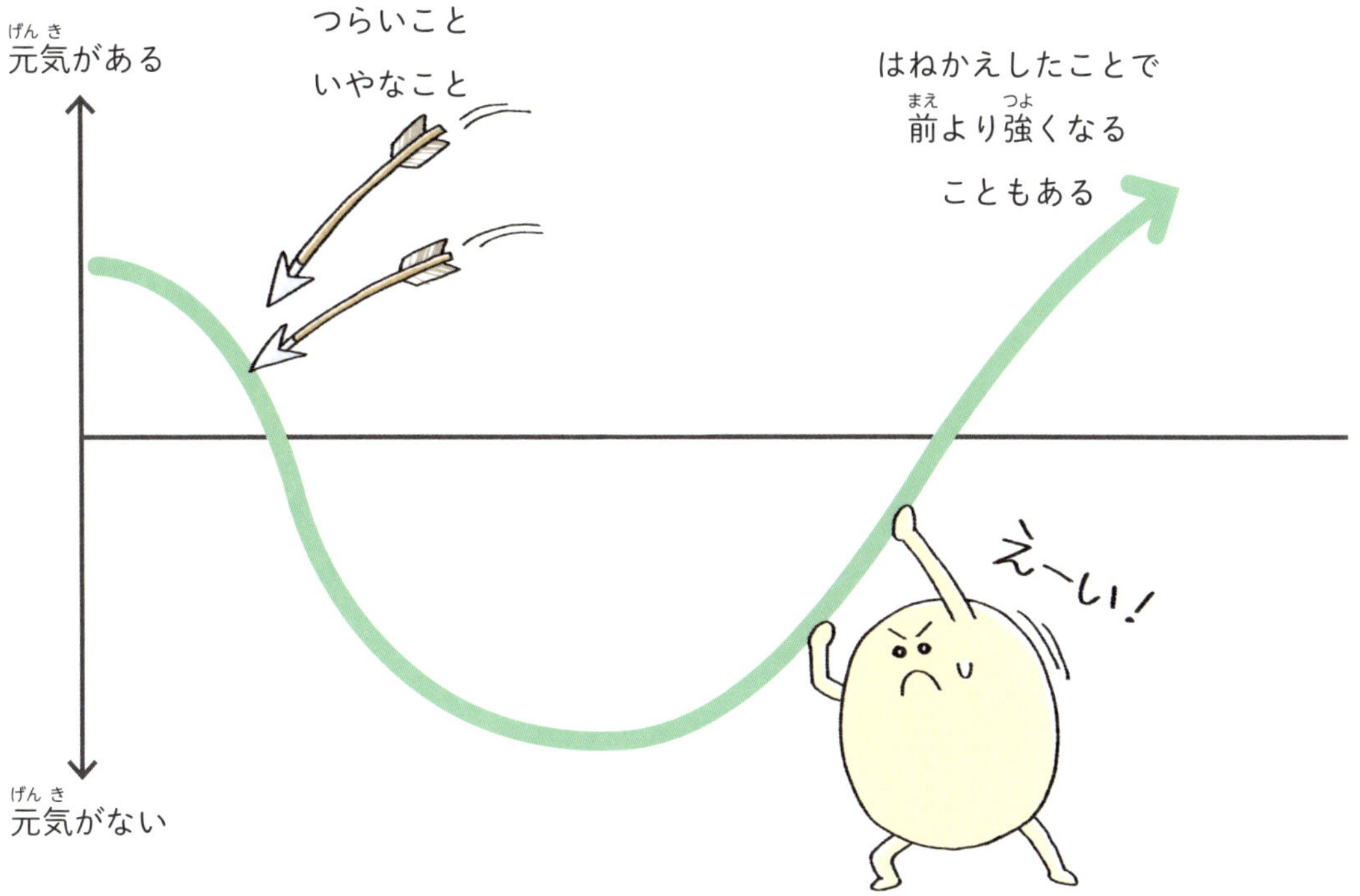

つらいなあって思《おも》うときは
何《なに》かをがんばろうっていう
気《き》持《も》ちに
なかなか、なれないよね。
心《こころ》の元気《げんき》は、つらいこと、
いやなことがあると
ぐっと減《へ》ってしまうんだ。
右上《みぎうえ》のへこんでいる
ボクみたいに。
でも、レジリエンスがあれば
心《こころ》がぽきっと折《お》れてしまわずに
ちゃんと元気《げんき》を取《と》り戻《もど》すことが
できるんだよ。

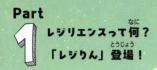

レジリエンスは
育《そだ》てられる

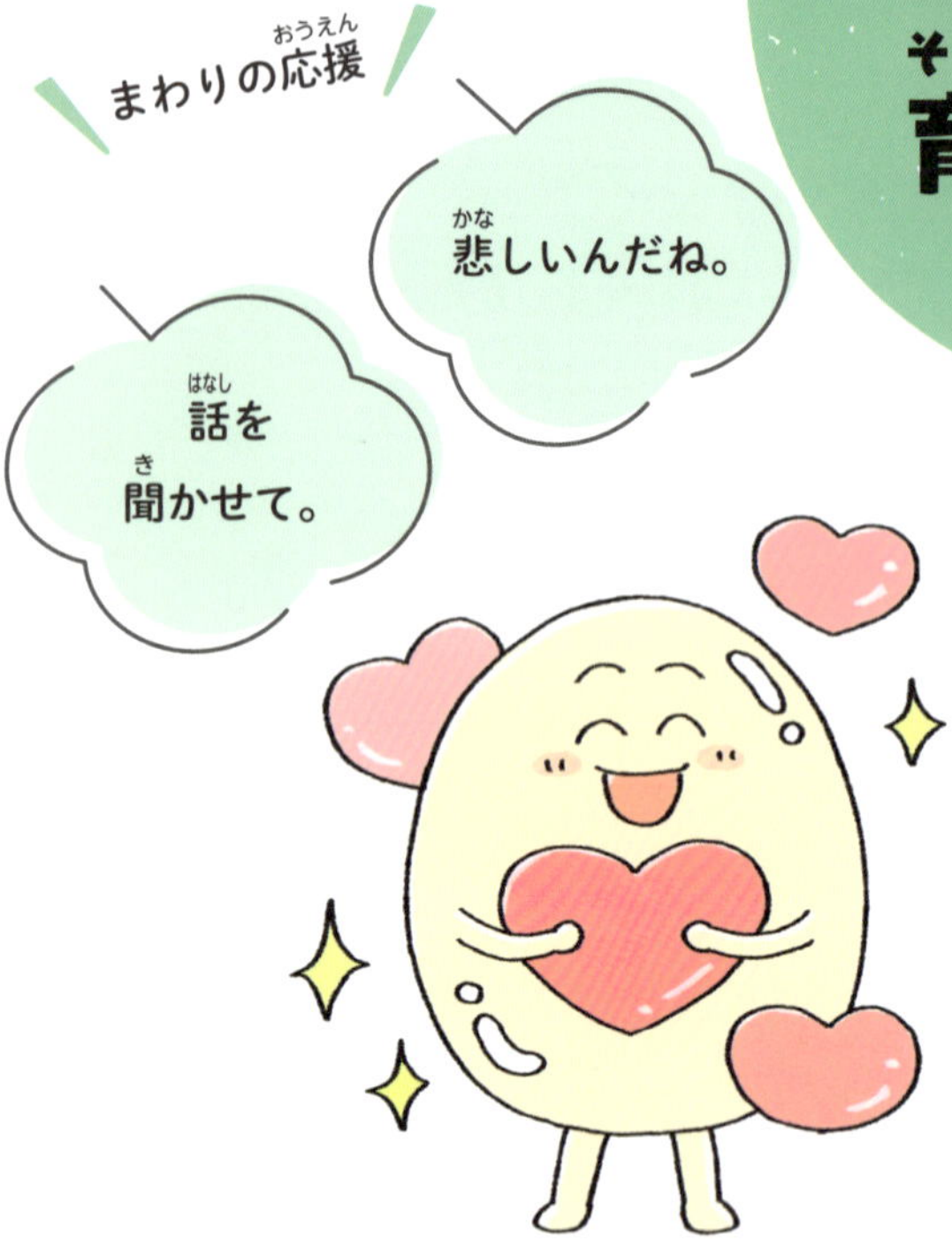

まわりの人《ひと》が応援《おうえん》してくれて
力《ちから》が出《で》そうだ。

生《う》まれ持《も》った心《こころ》の強《つよ》さは
人《ひと》それぞれだよ。

心《こころ》の強《つよ》さは人《ひと》それぞれ。
気持《きも》ちが
落《お》ち込《こ》みやすい人《ひと》もいれば、
落《お》ち込《こ》みにくい人《ひと》もいるんだ。
でも、レジリエンスは
落《お》ち込《こ》んでも
立《た》ち直《なお》ることができる力《ちから》。
みんなが持《も》っていて、
つらいこと、
悲《かな》しいことがあっても
いつかちゃんと立《た》ち直《なお》れる。
しかも、それは育《そだ》てることが
できる力《ちから》なんだよ。

君《きみ》やまわりの人《ひと》のレジりんは元気《げんき》かな？

君《きみ》はどちらがあてはまるかな。

宿題《しゅくだい》をわすれて しかられたら？	□ そのときはへこむけどすぐ立《た》ち直《なお》れるよ。 □ へこんでしまってしばらく立《た》ち直《なお》れないな。
遠足《えんそく》の班《はん》が 仲《なか》のよい友達《ともだち》と ちがったら？	□ 残念《ざんねん》だけど、決《き》まった班《はん》でがんばるよ。 □ へこんでしまって遠足《えんそく》に行《い》きたくないかも。
ペットと お別《わか》れすることに なったら？	□ 悲《かな》しいよ。でも、ご飯《はん》は食《た》べなきゃね。 □ 悲《かな》しいよ。もう何《なに》もしたくない。

※どちらのタイプが、「レジりんが強《つよ》いよ」と言《い》えるかな。

レジリエンスを育《そだ》てよう

レジリエンスは
だれの心《こころ》にもあって
育《そだ》てられるものなんだね。
まず、
自分《じぶん》の心《こころ》の中《なか》のレジりんを
感《かん》じてみよう。
心《こころ》の中《なか》のレジリエンスを
育《そだ》てると、落《お》ち込《こ》んでも
立《た》ち直《なお》りやすくなる。
きたえて育《そだ》てる方法《ほうほう》は、
45ページから始《はじ》まるよ。
ヒロくん、ナオちゃん、
ユイちゃんと一緒《いっしょ》に、
レジリエンスを
パワーアップさせよう。

君《きみ》の心《こころ》の中《なか》のレジりんを感《かん》じてみよう

心《こころ》の中《なか》のレジりんのようすを感《かん》じて表現《ひょうげん》してみよう。

どんなようす？

- □ 元気《げんき》そう。
- □ ちょっとつかれているかも。

どんな色《いろ》かな？

- □ 明《あか》るい色《いろ》をしている。
- □ ちょっとくらい色《いろ》をしている。

どんな表情《ひょうじょう》？

- □ 笑《わら》っているよ。
- □ つらそうだよ。

ほかには？

- □ あたたかそう。
- □ 寒《さむ》そう。
- □ はね回《まわ》っている。
- □ じっとしている。

私《わたし》のレジりんは
ちょっとつかれてる
みたい…

君《きみ》のレジりんを育《そだ》てていこう

これから君《きみ》のレジりんを育《そだ》てていくよ。
レジりんが強《つよ》くなったと感《かん》じたら、
左《ひだり》ページのレジりんにアイテムを持《も》たせよう。

これが君《きみ》のレジりん

どんなふうに
強《つよ》くなるのか、
楽《たの》しみだな！

★アイテムはカバーの折《お》り返《かえ》し部分《ぶぶん》にあるよ。
好《す》きなアイテムをはって、君《きみ》だけのレジりんを育《そだ》てよう。

レジリエンス なるほど！のヒント 1

ここ数年、地震や水害といった大きな災害、無差別な殺人事件、新型コロナウイルス感染症の世界的な流行、戦争地域の拡大など、昔では想像できなかった状況が地球規模で起きています。ＡＩなどの発展した技術が、私たちの生活にどのように影響するのかなど、予想のつかないことも増えています。「レジリエンス」は、このような予測不能で何が起こるかわからない時代に生きていくために必要な力として注目されている、心理学の概念の一つです。このレジリエンスという言葉は、日本では東日本大震災をきっかけとして広がり、さらに新型コロナウイルスの感染拡大で、グッと一般的になってきました（アメリカの宇宙船の名前にもなりました）。日本ではレジリエンスの考えは、特にビジネスの場面で重視されてきましたが、近年、子どものレジリエンスにも関心が高まってきています。ある「小学校保健」の教科書にも、私のレジリエンスの取り組みが紹介されています。

レジリエンスにはさまざまな定義がありますが、「機能や発達に対する重大な脅威があった場合に、うまく適応する能力、プロセス、または結果」[1)]、「重大な逆境やトラウマの経験にもかかわらず、個人が積極的な適応を示すダイナミックなプロセス」[2)]などとされています。実はレジリエンスは性格のようにあらかじめ備わったものではなく、だれもが持っており、高めることができるものだと考えられています。この本では、回復につながるような行動の仕方や考え方を身につけることによって、子どもたちがさまざまなことを経験したときに落ちこんでも、学んだことを生かしてそこから回復していけるようになることをねらっています。

引用

1）Masten AS, Best KM, Garmezy N（1990）. Resilience and development: Contributions from the study of children who overcome adversity. Development and psychopathology,2,425-444.

2）Luthar SS, Cicchetti D（2000）. The construct of resilience: implications for interventions and social policies. Development and psychopathology,12,857–885.

Part 2

レジりんを待《ま》ち受《う》ける「わな」

レジりんのてき①

寝《ね》るのも起《お》きるのもおそい

毎日夜《まいにちよ》ふかしして
朝《あさ》、なかなか起《お》きられず、
ご飯《はん》も食《た》べずに飛《と》び出《だ》す
なんてことはないかな？
朝《あさ》ご飯《はん》を食《た》べないと一日中《いちにちじゅう》、
力《ちから》が出《で》ないし、
授業《じゅぎょう》にも集中《しゅうちゅう》できないよ。
ねむいとふきげんに
なってしまうかも。
寝不足《ねぶそく》で友達《ともだち》と
ケンカしちゃうなんて、
つまらないよね。

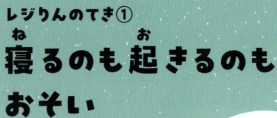

どうして寝《ね》る時間《じかん》が大事《だいじ》なの？

寝不足《ねぶそく》だと頭《あたま》が
ぼーっとしてしまうし、
冷静《れいせい》な判断《はんだん》もできなくなってしまう。
わすれ物《もの》をしたり、
ささいなことで友達《ともだち》と言《い》い争《あらそ》ったり
ケンカしたりしてしまうよ。

レジりんも
寝《ね》て元気《げんき》を
回復《かいふく》するよ

夜《よる》は９時《じ》までに寝《ね》る子《こ》の
レジリエンスが高《たか》いことが
わかっているよ。
おそくとも
11時《じ》までには寝《ね》よう。

君《きみ》はどうかな？

寝《ね》るのは（　　　　）時《じ》

起《お》きるのは（　　　　）時《じ》

どんなに遅《おそ》くても
11時《じ》には寝《ね》て
6時《じ》には起きよう

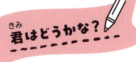

レジりんのてき②

おかし・ファストフードをたくさん食《た》べる

育《そだ》ちざかりの君《きみ》たちにとって、
朝《あさ》・昼《ひる》・夜《よる》の三食《さんしょく》だけだと
おなかがすくね。
だけど、おかしをたくさん
食《た》べてしまうと、
バランスのよい食事《しょくじ》が
できなくなってしまうよ。
あぶらっぽい食《た》べ物《もの》はさけて、
ヨーグルト、果物《くだもの》など
栄養《えいよう》をおぎなう
おやつを選《えら》ぼう。
おかしもファストフードも
おいしいけど、
食《た》べすぎには注意《ちゅうい》が必要《ひつよう》だよ。

おかし・ファストフードばかりじゃどうしてダメなの？

食《た》べ物《もの》は
「体《からだ》を動《うご》かすエネルギーになる」
「体《からだ》の調子《ちょうし》を整《ととの》える」
「血《ち》や肉《にく》、ほね、歯《は》になる」などの
種類《しゅるい》に分《わ》けられるよ。
それらをバランスよく
食《た》べることが大事《だいじ》。

あげ物《もの》を食《た》べすぎると
あぶらの成分《せいぶん》によって
太《ふと》ったりする体《からだ》への
影響《えいきょう》だけでなくて、
心《こころ》も落《お》ち込《こ》みやすく
なったりすることが
わかっているよ。

食《た》べすぎかなと
思《おも》ったら
ちょっとがまん

君《きみ》はどうかな？

おかしやジュース・ファストフードを

☐ 毎日《まいにち》食《た》べる　☐ 週《しゅう》に3～4回《かい》食《た》べる　☐ 週《しゅう》に1～2回《かい》食《た》べる

レジりんのてき③

ゲーム、テレビ、動画《どうが》をたくさん見《み》る

学校《がっこう》から帰《かえ》ってからや、
休《やす》みの日《ひ》など
何《なに》をしてすごしているかな。
ゲームやテレビ、タブレットで
動画《どうが》を見《み》たりしているかな。
目《め》がつかれてしまうのは
もちろん、
じっと同《おな》じ姿勢《しせい》でいることも、
レジリエンスを
弱《よわ》めてしまうことが
わかっているよ。

どうして同《おな》じ姿勢《しせい》を続《つづ》けちゃいけないの？

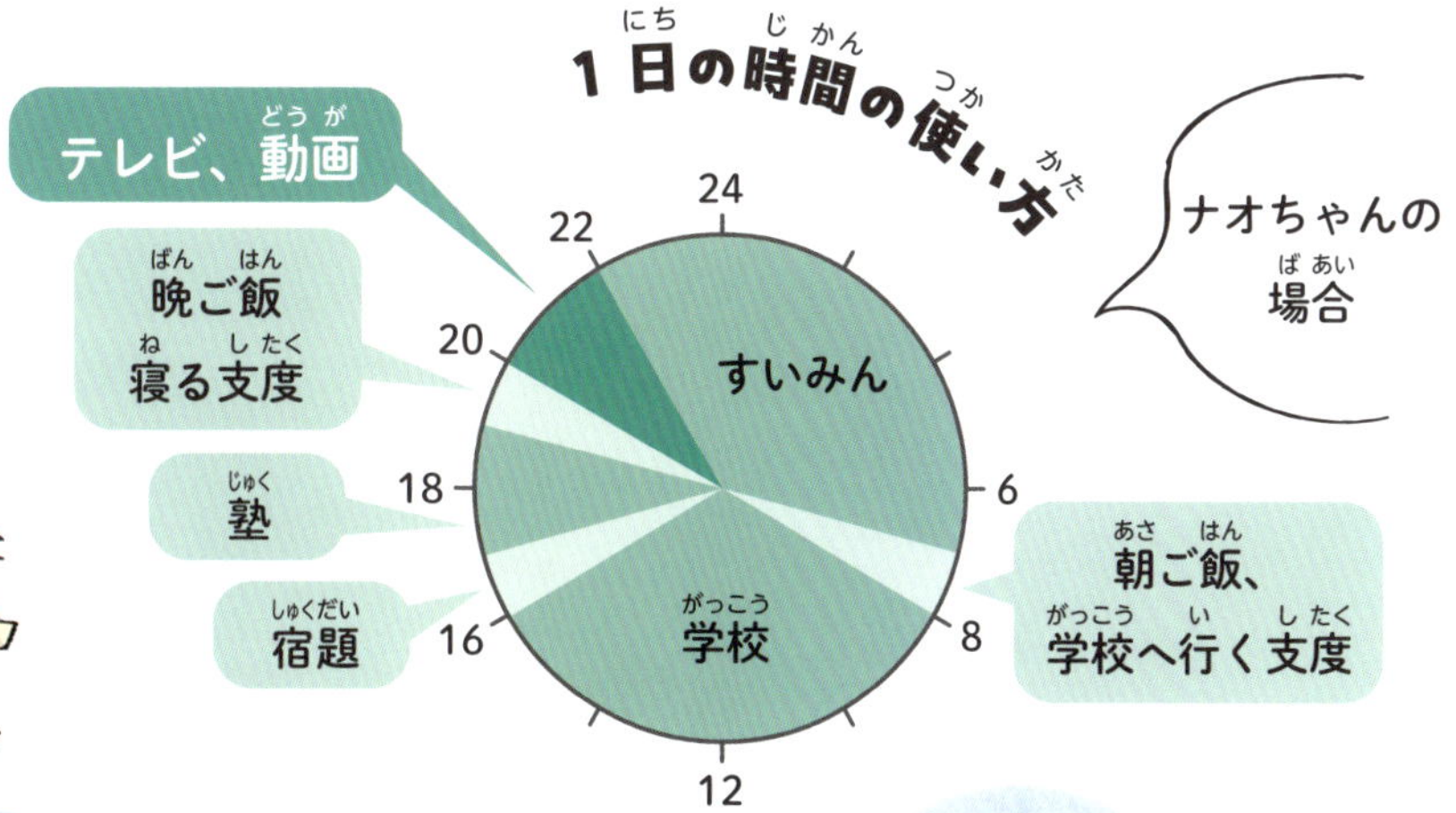
1日《にち》の時間《じかん》の使《つか》い方《かた》
ナオちゃんの場合《ばあい》
テレビ、動画《どうが》
晩《ばん》ご飯《はん》
寝《ね》る支度《したく》
塾《じゅく》
宿題《しゅくだい》
すいみん
学校《がっこう》
朝《あさ》ご飯《はん》、
学校《がっこう》へ行《い》く支度《したく》
24
22
20
18
16
12
8
6

じっと同《おな》じ姿勢《しせい》でいると、
レジリエンスが弱《よわ》まるんだ。
2時間以上《じかんいじょう》、ゲームや動画《どうが》に
夢中《むちゅう》になっていると、
レジリエンスが低下《ていか》することが
わかっているよ。

座《すわ》っている時間《じかん》が長《なが》いと、
体《からだ》がかたくなって
イライラしたり
体力《たいりょく》がつかなかったりも
するんだ。

君《きみ》はどうかな？

ゲームやテレビ、動画《どうが》を見《み》る時間《じかん》が…

1日《にち》（　　　　）時間《じかん》

長《なが》すぎると
思《おも》ったら少《すこ》しずつ
減《へ》らしてみよう

レジりんのてき④

動《うご》くのがきらい

中休《なかやす》みや昼休《ひるやす》みは
校庭《こうてい》に出《で》て遊《あそ》ぶように、
学校《がっこう》で先生《せんせい》に言《い》われたことは
あるかな。
本《ほん》を読《よ》むのが好《す》きな
ユイちゃん、
お友達《ともだち》とのおしゃべりが
楽《たの》しいナオちゃん、
カードゲームに夢中《むちゅう》な
ヒロくんはそれがちょっと
苦手《にがて》みたいだね。
体《からだ》を動《うご》かすと
ちょっとした心《こころ》のモヤモヤが
すっきりと晴《は》れることが
多《おお》いからやってみるといいよ。

どうして運動《うんどう》が大事《だいじ》なの？

体《からだ》を動《うご》かさないでいると、
モヤモヤがたまってしまうんだ。
スポーツや鬼《おに》ごっこなど、
体《からだ》を動《うご》かすと
気分《きぶん》がすっきりするよね。
体《からだ》と心《こころ》の健康《けんこう》が保《たも》たれるから、
レジりんにも必要《ひつよう》なんだ。

気分転換《きぶんてんかん》にもなるから、
中休《なかやす》みだけでも
外《そと》に出《で》てみよう

君《きみ》はどうかな？

中休《なかやす》みや放課後《ほうかご》の外遊《そとあそ》びは…

□毎日《まいにち》する　□ときどきする　□めったにしない

レジりんのてき⑤

ずるい！が口《くち》ぐせ

友達《ともだち》がひいきされている、
ずるをしている、
自分《じぶん》は損《そん》をしている、
なんて気持《きも》ちが
ずっと心《こころ》にあると
気持《きも》ち悪《わる》いもの。
どんなときも
「ちょっとしたことだから
まあいいや」って
思《おも》えたらいいんだけれど。
ネガティブな気持《きも》ちに
ずっと支配《しはい》されていると
レジりんが弱《よわ》ってしまうんだ。

ネガティブに考《かんが》えているとどうなる？

ネガティブな気持《きも》ちでいると
ストレスがたまってしまうんだ。
レジりんは
ストレスがかかりすぎると
弱《よわ》ってしまうよ。

見方《みかた》を変《か》えると
気持《きも》ちも変《か》わるかも
しれないよ。
70ページを見《み》てみよう

君《きみ》はどうかな？

まわりの人《ひと》に対《たい》して「ずるいなあ」「不公平《ふこうへい》だなあ」と思《おも》うことが多《おお》い？

どのへんかな、
ぬってみよう

ううん、あんまり → すごくそう思《おも》う

レジりんのてき⑥

人《ひと》と話《はな》すのが めんどくさい

失敗《しっぱい》や、困《こま》りごとは、
他《ほか》の人《ひと》に話《はな》すのを
ためらってしまうよね。
つかれていたり、
落《お》ち込《こ》んだり、
なんとなく
調子《ちょうし》が出《で》なかったり、
人《ひと》と話《はな》す気《き》に
なれない日《ひ》もある。
だけど、一人《ひとり》で悩《なや》んでいると
どんどん
気持《きも》ちがふさいでしまうよ。
そういうときこそ、
友《とも》だちや先生《せんせい》、家族《かぞく》に
「あのね…」って、
話《はな》しかけてみてほしいな。

どうして人《ひと》とのかかわりが大事《だいじ》なの？

声《こえ》をかけても
いいのかなあ
まようなあ

困《こま》ったときに人《ひと》に相談《そうだん》すると

自分《じぶん》には思《おも》いつかなかった
いい解決方法《かいけつほうほう》がわかったり、
思《おも》いついたりする。
話《はなし》をするだけで、安心《あんしん》できたり、
いやな気持《きも》ちがすっきりしたりする。

‖

**困《こま》ったときに人《ひと》に相談《そうだん》していくと
いい方向《ほうこう》に向《む》きやすくなる！**

ふだんから信頼《しんらい》できる人《ひと》に
自分《じぶん》のことを話《はな》せるようになるといいね。
そうしていると、困《こま》ったときに、
周《まわ》りの人《ひと》が「どうしたの？」って
助《たす》けてくれることもあるよ。

あまり話《はな》せていないなあと
思《おも》ったら、「おはよう」と
言《い》うところから
やってみよう

君《きみ》はどうかな？

□ 朝《あさ》、友達《ともだち》に会《あ》ったらあいさつ（する・しない）

□ 困《こま》っているとき相談《そうだん》（する・しない）

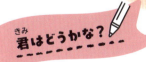

レジリエンス なるほど！ のヒント 2

このパートでは、レジリエンスを弱める要因について触れています。コロナ禍を経て、子どもたちの長時間のスマホ、ゲーム、テレビなどのスクリーンタイムがかなり長くなったことを実感しています。学校でレジリエンスの授業を実施した際に、子どもたちに普段どのくらいの時間スマホやゲームを使用しているかを尋ねてみると、小学校高学年でも「平日に平均４時間以上」と答える子がかなり増えました。これは睡眠に影響していることが考えられます。私の研究で就寝時間とレジリエンスの関係を調べたところ、小学生では 23 時以降、中学生では 0 時以降にいつも就寝している子はレジリエンス得点が低かったことがわかっています[1]。レジリエンスを弱める要因に「運動しない」「身体的不活発」「睡眠不足」があります[2]。コロナ禍で家の中での生活が当たり前になり、ゲームやスマホに夢中になり（ならざるを得ない）、体を動かさずにじっとしている時間が長時間になり、寝る時間が遅くなってしまうきっかけが生じました。このライフスタイルが続いたことによる影響を、大いに懸念しているところです。

「でも、そんなこと言われても」と、とまどう保護者の方もいらっしゃると思います。そこで参考にしたいのがアメリカ心理学会によって提唱された「Resilience Guide for Parents & Teachers（保護者と教師のための子どものレジリエンスを育てる１０のコツ）」[3] です。その中に、「毎日の日課を守る」というものがあります。自己をコントロールする自己制御はレジリエンスにおいて中心的な役割を担っていることが指摘されています[4]。子どもたちに、「『時間になったらやめられる』ということが心の『力』になるんだよ！」と伝え、決めた時間にやめることが少しでもできたら、「自分でコントロールできた」として、大いにほめていただけたらと思います。

引用

1）小林朋子（2017）．小中学生のレジリエンスと生活習慣との関連について，第 64 回日本学校保健学会学術大会講演集

2）作田英成・伊藤利光．(2016). レジリエンスを修飾する遺伝的・環境的要因 防衛衛生，63(3), 61-70.

3）American Psychological Association (2012). Resilience Guide for Parents and Teachers. 2012.

4）マステン AS（2020）．発達とレジリエンス－暮らしに宿る魔法の力－（上山眞知子，モリス JF 訳）明石書店 p. 88

Part 3

レジりんをきたえて 強《つよ》くなる

まずは体《からだ》と心《こころ》の健康《けんこう》を保《たも》とう

1 生活習慣《せいかつしゅうかん》を見直《みなお》してみよう

ゲームをして
夜遅《よるおそ》くまで起《お》きていた
ヒロくんは、次《つぎ》の日《ひ》
地域《ちいき》のサッカークラブに
遅刻《ちこく》して落《お》ち込《こ》んでいるよ。
レジリエンスを育《そだ》てるには、
生活習慣《せいかつしゅうかん》を整《ととの》えることが
とても大切《たいせつ》なんだ。
君《きみ》は自分《じぶん》のレジリエンスを
弱《よわ》めてしまっていないかな?
チェックリストを使《つか》って、
生活習慣《せいかつしゅうかん》を見直《みなお》してみよう。

生活習慣《せいかつしゅうかん》　チェックシート

君《きみ》はどうかな？

あてはまる番号《ばんごう》に○をつけてみよう

寝《ね》る時間《じかん》は？	1　11時《じ》より後《あと》 2　9時《じ》〜11時《じ》 3　9時《じ》より前《まえ》
毎朝朝《まいあさあさ》ご飯《はん》を食《た》べている？	1　何《なに》も食《た》べない日《ひ》がある 2　パンだけ、ごはんだけ、という日《ひ》がある 3　毎日《まいにち》バランスよく食《た》べている
ゲーム、テレビ、スマホなどは1日《にち》にどれぐらいする？	1　2時間以上《じかんいじょう》 2　1時間《じかん》から2時間《じかん》まで 3　1時間未満《じかんみまん》
スポーツや、体《からだ》を動《うご》かすあそび（ドッヂボールや鬼《おに》ごっこなど）はどのぐらいする？	1　ほとんどしない 2　週《しゅう》に2、3回《かい》はする 3　毎日《まいにち》する
お菓子《かし》、ジュース、ファストフードは週《しゅう》にどれぐらい食《た》べる？	1　毎日食《まいにちた》べたり飲《の》んだりする 2　週《しゅう》に2，3回《かい》、食《た》べたり飲《の》んだりする 3　ほとんど食《た》べたり飲《の》んだりしない

1、2が多《おお》い子《こ》は要注意《ようちゅうい》！

スッキリ目覚《めざ》められないから、
夜《よる》10時《じ》までに寝《ね》るようにしたいな。

ジュースをほぼ毎日飲《まいにちの》んでいるよ。
お休《やす》みの日《ひ》だけにしようかな。

レジリエンスにとって、生活習慣《せいかつしゅうかん》は重要《じゅうよう》だよ。
目標《もくひょう》を立《た》てて、「あ、もうすぐ時間《じかん》だからやめよう」って
自分《じぶん》でやれるようになる力《ちから》も大事《だいじ》なんだよ。

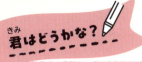

2 自分《じぶん》の強《つよ》みを整理《せいり》してみよう

好《す》きなことは何《なに》かな

うまくいかないことや、なやんでしまうことがあるよね。

そんなときに、「好《す》きなこと」が友達《ともだち》を作《つく》るのを助《たす》けてくれたり、「支《ささ》えてくれる存在《そんざい》」が相談《そうだん》にのってくれたりすることがあるよ。

こうした「強《つよ》み」がみんなの「困《こま》った！」を助《たす》けてくれるんだ。

強《つよ》み発見《はっけん》シート①

君《きみ》はどうかな？

■好《す》きなこと

■得意《とくい》なこと

好《す》きなことは本《ほん》を読《よ》むことだよ。でも、
ほかの人《ひと》より得意《とくい》なことなんて思《おも》いつかないな。

ユイちゃんは、クラスでいつもいやな顔《かお》を
しないし、よく人《ひと》の話《はなし》を聞《き》いていると思《おも》う。

「強《つよ》み」は、ほかの人《ひと》とくらべてさがすものではないよ。
自分《じぶん》の中《なか》で「好《す》き」「得意《とくい》」って思《おも》うものを書《か》いてみよう。

3 ほっとできる存在《そんざい》を確認《かくにん》しよう

君《きみ》がほっとできる人《ひと》・もの・ことは何《なに》かな

君《きみ》を支《ささ》えてくれる存在《そんざい》、
いやしてくれる存在《そんざい》は
何《なん》だろう。
君《きみ》がほっとできるのは、
友達《ともだち》と話《はな》しているとき？
ぬいぐるみを
抱《だ》きしめているとき？
絵《え》をかいているとき？
こうした
「ほっとできる存在《そんざい》」も
君《きみ》を助《たす》けてくれる
「強《つよ》み」なんだ。

強《つよ》み発見《はっけん》シート②

君《きみ》はどうかな？

■支《ささ》えてくれる人《ひと》・もの・こと

■いやしてくれる人《ひと》・もの・こと

困《こま》ったときは
いつも家族《かぞく》が話《はなし》を聞《き》いてくれるよ。

落《お》ち込《こ》んだときに、
飼《か》い犬《いぬ》のポチをなでると元気《げんき》が出《で》るよ。

「ほっとできる存在《そんざい》」は、人《ひと》だけではなく
「もの」や「こと」でもいいんだよ。

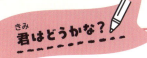

続《つづ》けていること、
これから
やってみたい
ことは何《なに》かな

4 がんばっていることを確認《かくにん》しよう

ヒロくんは、
やってみたいゲームを
買《か》うために、
お金《かね》をためているよ。
「将来《しょうらい》この仕事《しごと》をしてみたい」
「今《いま》、これをやってみたい」
ということも
君《きみ》の「強《つよ》み」になるんだ。
ユイちゃんが「ありがとう」を
欠《か》かさず伝《つた》えているように、
「いつも続《つづ》けていること」も
「強《つよ》み」なんだよ。

強《つよ》み発見《はっけん》シート③

君《きみ》はどうかな？

■がんばっていること

■続《つづ》けていること

■将来《しょうらい》の夢《ゆめ》や、これからやってみたいこと

いつも時間《じかん》を守《まも》るようにしているよ。
約束《やくそく》した時間《じかん》には遅《おく》れないように行動《こうどう》しているんだ。

「やってみたいこと」「続《つづ》けていること」は
小《ちい》さなことでも「強《つよ》み」になるんだよ。

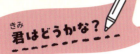

リフレーミングのやり方《かた》

5「いいところなんかないよ」に魔法《まほう》をかけよう

君《きみ》の性格《せいかく》で「いいな」と
思《おも》うところはどこかな。
「いいところなんかない」と
思《おも》うなら、視点《してん》を変《か》えてみよう。

ユイちゃんの
「初対面《しょたいめん》の人《ひと》と話《はな》すのが苦手《にがて》な
ところ」は、視点《してん》を変《か》えると
「丁寧《ていねい》に人間関係《にんげんかんけい》を作《つく》ることが
できる」といえるよ。

ビミョウだなと思《おも》うところを
「強《つよ》み」に変身《へんしん》させよう。

性格《せいかく》の「強《つよ》み」を見《み》つけよう

君《きみ》はどうかな？

■自分《じぶん》の性格《せいかく》でいいなと思《おも》うところ

■自分《じぶん》の性格《せいかく》でビミョウだなと思《おも》うところ

変身《へんしん》！

■変身《へんしん》させた「強《つよ》み」

ぼくはあきっぽいところがビミョウだな。
やりたいと思《おも》ったことでも、続《つづ》かないことがよくあるんだ。
でも、視点《してん》を変《か》えると好奇心《こうきしん》があるといえるのかもしれないね。

ほかの人《ひと》とくらべずに、自分《じぶん》がいいなと思《おも》ったところを
書《か》いてみよう。たくさんの「強《つよ》み」が見《み》つけられたかな。

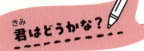

こうなれたら
いいな を
見《み》つける

6 かっこいい自分《じぶん》を想像《そうぞう》してみよう

自分《じぶん》が悪《わる》いとわかっていても
注意《ちゅうい》されてイライラしたり
相手《あいて》の意見《いけん》を
無視《むし》してしまったり
したことはないかな。
自分《じぶん》を観察《かんさつ》する力《ちから》を
モニタリングというよ。
イライラしてしまったことを
モニタリングしたら、
かっこいい自分《じぶん》を思《おも》い出《だ》して、
自分《じぶん》をコントロール
してみよう。

行動《こうどう》をコントロールしよう

君《きみ》はどうかな？

■友達《ともだち》と会話《かいわ》が盛《も》りあがっていたら、「うるさい」と注意《ちゅうい》された。

①どんな気持《きも》ちになった？（ひどいなあ、うるさくなんかない、など）

②どういう行動《こうどう》をとった？（相手《あいて》を無視《むし》した、にらみつけた、など）

③かっこいい自分《じぶん》ならどうすると思《おも》う？（「ごめん」とあやまる、おしゃべりに誘《さそ》う、など）

**つい声《こえ》が大《おお》きくなっただけだし、
休《やす》み時間《じかん》なんだしってむっとするかな。
でも、静《しず》かにしていたい人《ひと》もいるから外《そと》で遊《あそ》んでもいいかも。**

**イライラが続《つづ》いたりして、なかなかコントロールできないときは、
深呼吸《しんこきゅう》をしたり、その場《ば》から離《はな》れたりするといいよ。**

君《きみ》は今《いま》までにも
いろんなことを
乗《の》り越《こ》えて
きたんだ

7 乗《の》り越《こ》えてきたことを整《せい》理《り》しよう

これまでの人生《じんせい》で、
うれしかったことや、
つらかったこと、
いろんなことがあったよね。
レジリエンスのグラフを書《か》いて
君《きみ》の人生《じんせい》を
ふりかえってみよう。
つらいことがあったとき、
どんなふうに
乗《の》り越《こ》えてきたのかな。

レジリエンスのグラフを書《か》いてみよう

君《きみ》はどうかな？

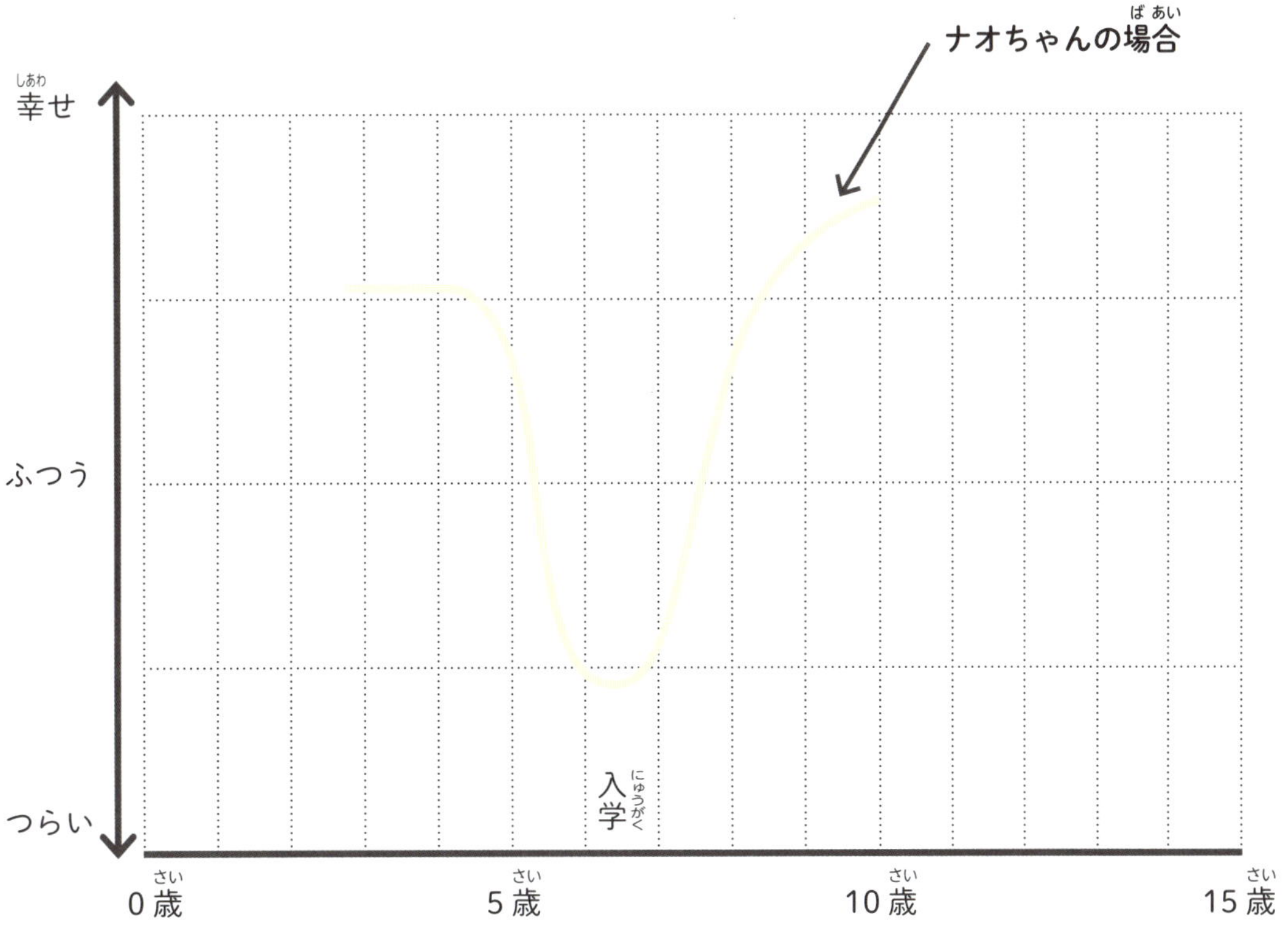
ナオちゃんの場合《ばあい》
幸《しあわ》せ
ふつう
つらい
入学《にゅうがく》
0歳《さい》
5歳《さい》
10歳《さい》
15歳《さい》

小学校《しょうがっこう》に入学《にゅうがく》したころ、なかなか友達《ともだち》ができなくてつらかったよ。
先生《せんせい》が読書感想文《どくしょかんそうぶん》をほめてくれて、
自信《じしん》がついたから学校《がっこう》に行《い》くのがつらくなくなったんだ。

どんな体験《たいけん》をしたときにグラフが上《あ》がったか思《おも》い出《だ》せたかな。
グラフが上《あ》がらなくても、下《さ》がらないことも大事《だいじ》だよ。

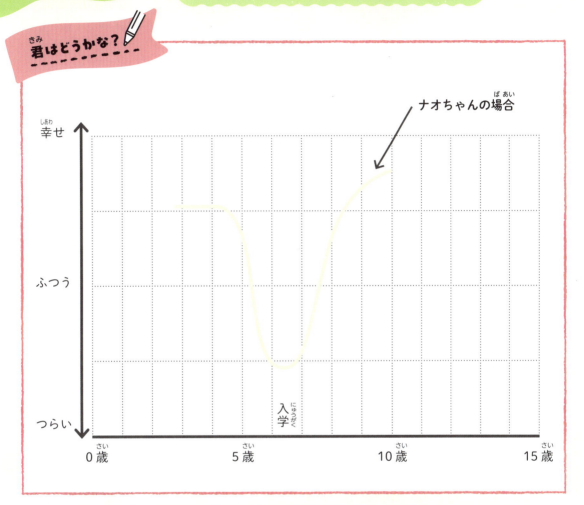

8 自分《じぶん》の気持《きも》ちに耳《みみ》をかたむけてみよう

いろんなできごとが
起《お》きているときの
自分《じぶん》の気持《きも》ちを
感《かん》じ取《と》ってみよう。
どんな気持《きも》ちかな？
いかりや不安《ふあん》？
がんばりたい気持《きも》ち？
一《ひと》つだけじゃなくて
いろんな気持《きも》ちが
あったりするよ。
自分《じぶん》がどんな気持《きも》ちなのか、
耳《みみ》を傾《かたむ》けてみよう。

自分《じぶん》の気持《きも》ちに気《き》づこう

君《きみ》はどうかな？

■イライラしたりいかりを感《かん》じたりしたときを思《おも》い出《だ》して書《か》いてみよう。

①何《なに》が原因《げんいん》だったのかな。

②イライラやいかりの中《なか》に、どんな気持《きも》ちがあったかな。あてはまるものに○をつけよう。

イライラ いかり

悲《かな》しい　さびしい　はずかしい　心配《しんぱい》

がっかり　不安《ふあん》　くやしい

③どのようにイライラやいかりの気持《きも》ちをコントロールすればよいかな。

早《はや》く宿題《しゅくだい》しなさい！ってお母《かあ》さんに言《い》われてイライラしたよ。
やるべきってわかっているのにダラダラしている自分《じぶん》がはずかしかったし、
一人《ひとり》で宿題《しゅくだい》を終《お》わらせられるか心配《しんぱい》だったことに気《き》づいたんだ。

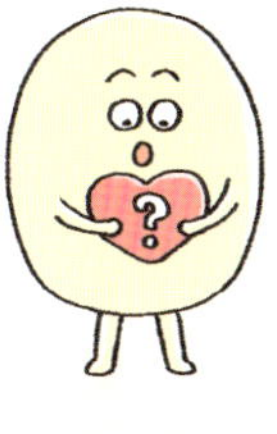

感情《かんじょう》をコントロールするために、
まずは自分《じぶん》の気持《きも》ちに気《き》づくことが大切《たいせつ》だよ。

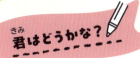

気持《きも》ちによって
どんな体《からだ》の反応《はんのう》が
起《お》こるかな

9 心《こころ》と体《からだ》のつながりに気《き》づこう

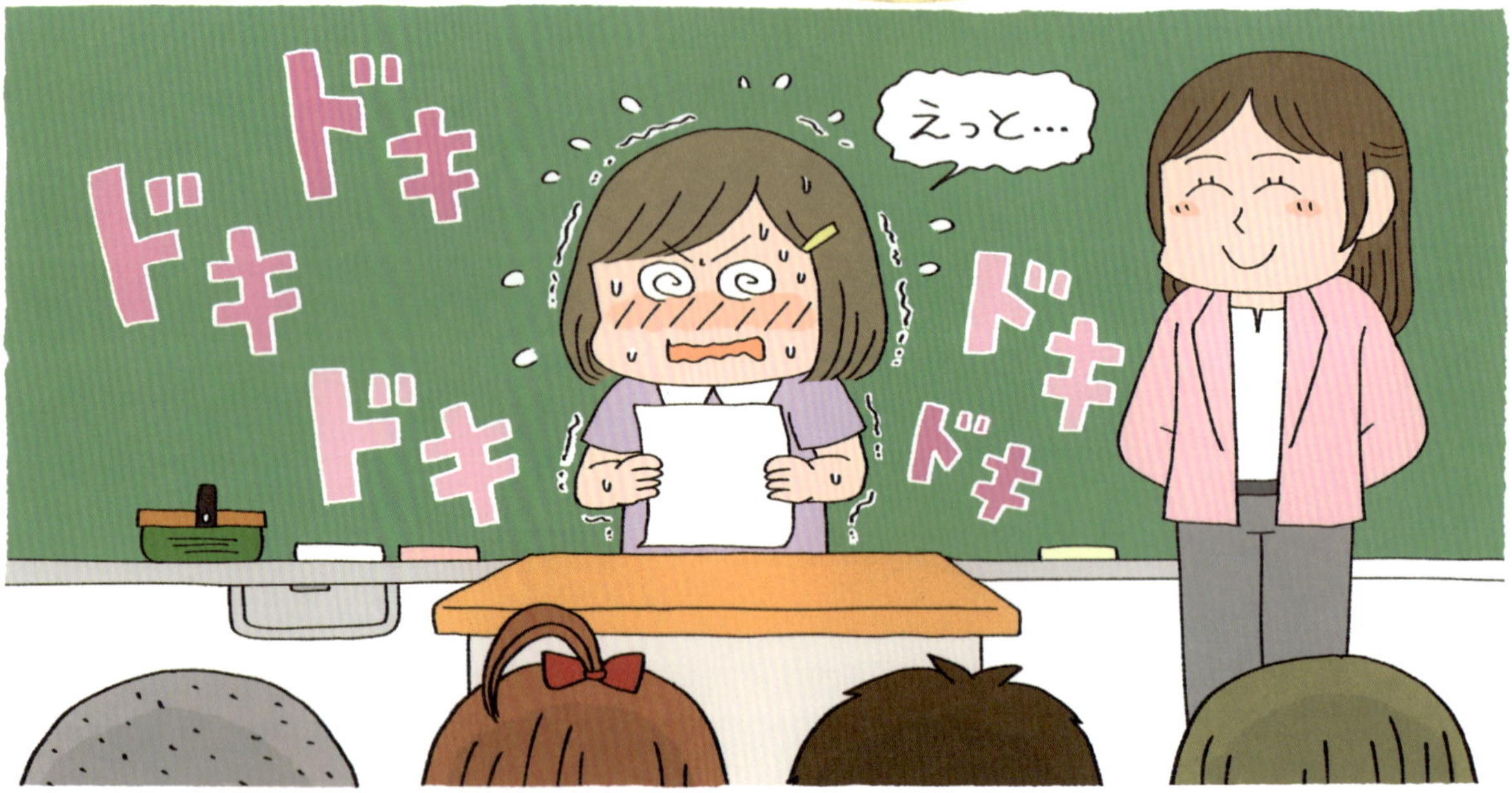

心《こころ》と体《からだ》はつながっているから
気持《きも》ちによって
体《からだ》の反応《はんのう》が起《お》こるんだ。
ドキドキしたり、
顔《かお》が熱《あつ》くなったりしている
ユイちゃんは、
きんちょうしているんだね。
体《からだ》の反応《はんのう》は
人《ひと》によってちがっているよ。
みんなは、きんちょうすると
どんな反応《はんのう》が起《お》きるかな？

心《こころ》と体《からだ》の反応《はんのう》を考《かんが》えよう

君《きみ》はどうかな？

■それぞれの気持《きも》ちのときの体《からだ》の反応《はんのう》を書《か》いてみよう。

気持《きも》ち	体《からだ》の反応《はんのう》
うれしい 	<ナオちゃんの場合《ばあい》> 笑《わら》っちゃう、とびはねちゃう、テンションがあがる、興奮《こうふん》する
いかり 	<ヒロくんの場合《ばあい》> しゃべらなくなる、心臓《しんぞう》がバクバクする、からだが熱《あつ》くなる、頭《あたま》が真《ま》っ白《しろ》になる
きんちょう 	<ユイちゃんの場合《ばあい》> 心臓《しんぞう》がどきどき、汗《あせ》が出《で》てトイレに行《い》きたくなる、くちびるがかわく
リラックス 	<ナオちゃんの場合《ばあい》> 体《からだ》が軽《かる》くなる、眠《ねむ》たくなる、だら〜んとする

心《こころ》と体《からだ》はつながっているから、自分《じぶん》の体《からだ》の反応《はんのう》を知《し》っておくと、自分《じぶん》の気持《きも》ちがわかるね。

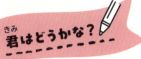

10 リラックス法《ほう》を身《み》につけよう

不安《ふあん》やイライラを感《かん》じたら、まずは落《お》ち着《つ》くことが大切《たいせつ》だよ。心《こころ》を落《お》ち着《つ》かせる方法《ほうほう》を紹介《しょうかい》するね。

リラックスする呼吸《こきゅう》

1

楽《らく》な姿勢《しせい》でまっすぐこしかけ、楽《らく》に気持《きも》ちよく深呼吸《しんこきゅう》するよ。鼻《はな》から吸《す》って口《くち》からゆっくり吐《は》こう。

2

もう一度《いちど》ゆっくり息《いき》を吸《す》って、少《すこ》し止《と》めてからゆっくり吐《は》こう。もう一度楽《いちどらく》に気持《きも》ちよく深呼吸《しんこきゅう》しよう。1分《ぷん》くらい続《つづ》けよう。

ポイント

息《いき》を吐《は》くとき、イライラも一緒《いっしょ》に吐《は》き出《だ》すイメージで。

肩《かた》のリラックス

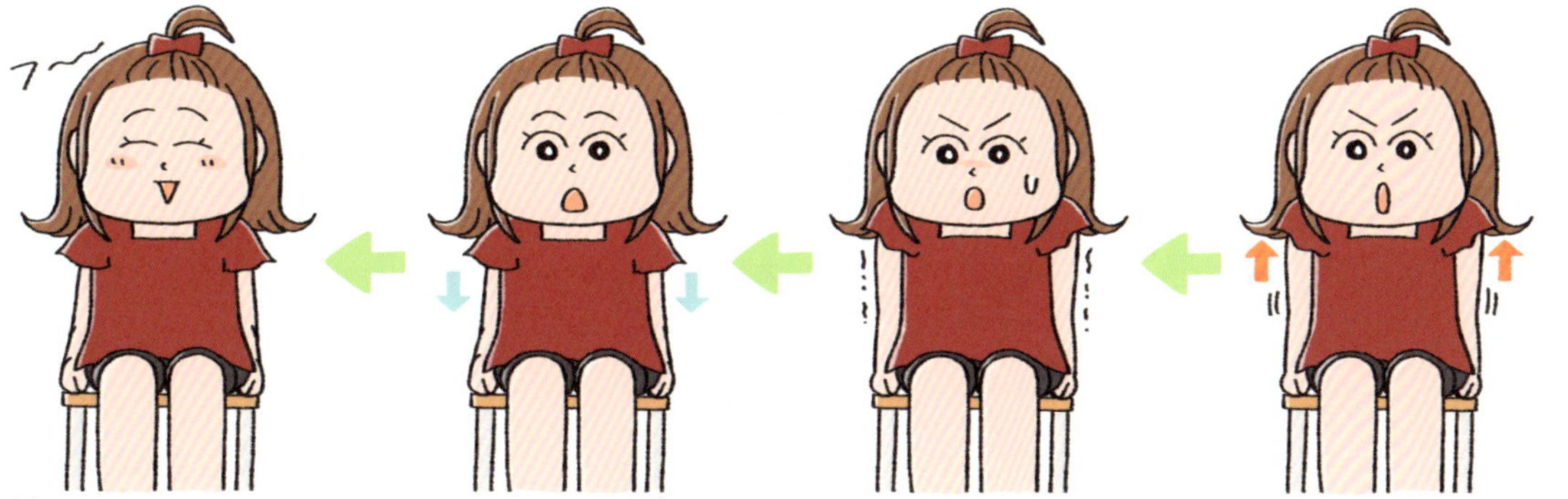

1

イスにすわったまま、肩《かた》をまっすぐ上《うえ》にあげるよ。背中《せなか》は丸《まる》めないでね。

2

ちょっときついところまであげて5秒《びょう》キープ。呼吸《こきゅう》は止《と》めないで！

3

ゆっくり10数《かぞ》えながら肩《かた》をおろすよ。

4

肩《かた》をおろしたらしばらくゆるんだまま。2～3回《かい》繰《く》り返《かえ》してみよう。

頭《あたま》をスッキリさせる仕上《しあ》げ

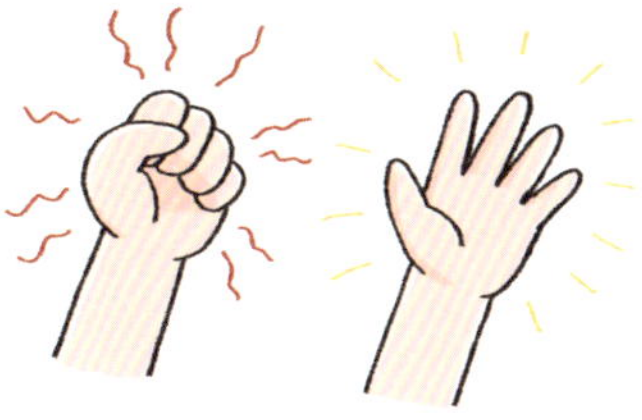

1

両手《りょうて》をグーパーしよう。

2

全身《ぜんしん》で、せのびをしよう。手《て》や足《あし》まで思《おも》いっきり伸《の》ばすとスッキリするよ。

昼間《ひるま》は最後《さいご》に「仕上《しあ》げ」をやってみてね。
寝《ね》る前《まえ》は「仕上《しあ》げ」をやらないでそのまま寝《ね》るとぐっすり眠《ねむ》れるよ。

11 ストレスの背景《はいけい》にある気持《き》ち《も》を分析《ぶんせき》してみよう

原因《げんいん》を知《し》ることで
対策《たいさく》ができるよ

ストレスを感《かん》じると、
落《お》ち込《こ》んだり
不安《ふあん》になったりするね。
それに、
ストレスホルモンによって、
心臓《しんぞう》がどきどきしたりするよ。
では、ストレスの原因《げんいん》は
何《なん》だろう？
ストレスは、
今《いま》のことだけじゃなくて、
過去《かこ》や未来《みらい》のことを
考《かんが》えることで感《かん》じることも
あるんだよ。考《かんが》えていると、
いろいろな気持《きも》ちが
わき起《お》こってくると思《おも》うんだ。
どんな気持《きも》ちが起《お》きているか、
分析《ぶんせき》してみよう。

気持《きも》ちメーター

君《きみ》はどうかな？

■今《いま》の気持《きも》ちメーターを塗《ぬ》ってみよう

0 → max

悲《かな》しさ

悲《かな》しさ 0 ―――― 悲《かな》しさ max

さびしさ

さびしさ 0 ―――― さびしさ max

心配《しんぱい》

心配《しんぱい》 0 ―――― 心配《しんぱい》 max

がっかり

がっかり 0 ―――― がっかり max

不安《ふあん》

不安《ふあん》 0 ―――― 不安《ふあん》 max

くやしさ

くやしさ 0 ―――― くやしさ max

友達《ともだち》に声《こえ》をかけても返事《へんじ》がなくて、悲《かな》しくなった。そのことを思《おも》い出《だ》すと落《お》ち込《こ》む。

テストの点《てん》が悪《わる》いとまたお兄《にい》ちゃんとくらべられる気《き》がしてくやしいのと、悲《かな》しいって気持《きも》ちになるよ。

ストレスの原因《げんいん》にはさまざまなものがあるよ。ストレスを感《かん》じると、心《こころ》と体《からだ》のどちらにもえいきょうするんだ。

12 ストレス対処《たいしょ》の方法《ほうほう》を見《み》つけよう

コーピングを探《さが》そう

ストレスを感《かん》じたときに
気《き》持《も》ちが楽《らく》になるようなことを
「コーピング」というよ。
君《きみ》はストレスを感《かん》じたとき
どんなことで
気《き》持《も》ちが楽《らく》になるかな？
気分転換《きぶんてんかん》になることや、
ストレスの原因《げんいん》そのものを
なくすことも
コーピングになるんだ。
たくさん見《み》つけておいて、
ストレスに合《あ》わせて
使《つか》い分《わ》けてみよう。

コーピング

君《きみ》はどうかな？

■コーピングをたくさん書《か》き出《だ》そう。具体的《ぐたいてき》に書《か》いてみるといいよ。

［気分転換《きぶんてんかん》になること］オレンジジュースを飲《の》む、動画《どうが》を見《み》る、寝《ね》る、ペットと遊《あそ》ぶ……など

［ストレスの原因《げんいん》をなくすこと］宿題《しゅくだい》を終《お》わらせる、ケンカした友達《ともだち》と仲直《なかなお》りする……など

ぼくはサッカーをしたりゲームをしたりすると気分《きぶん》がスッキリするよ。

私《わたし》は好《す》きなアニメのキャラクターを想像《そうぞう》したりしていると、いやなことがす～っとなくなるよ。

コーピングはただ想像《そうぞう》するだけでもいいよ。
実現《じつげん》できるかできないか気《き》にせず、どんどん書《か》いてみよう。

13 角度《かくど》を変《か》えて見《み》てみよう

ものごとが違《ちが》って見《み》えてくる！

ヒロくんは、
チームメイトが集《あつ》まって
話《はな》しているのを見《み》て、
「ぼくの悪口《わるぐち》を
言《い》っているんじゃないか」と
不安《ふあん》に感《かん》じているよ。
こんなときは、
角度《かくど》を変《か》えて見《み》てみよう。
同《おな》じできごとでも
見方《みかた》を変《か》えると、
不安《ふあん》になったり
イライラしたりしなくても
いいんじゃないかって
思《おも》えるようになるよ。

角度《かくど》を変《か》えて見《み》てみよう

君《きみ》はどうかな？

■どんな考《かんが》え方《かた》ができるか書《か》いてみよう。

自《じ》分《ぶん》以《い》外《がい》の友達《ともだち》が集《あつ》まって話《はな》している。

みんなはぼくの悪口《わるぐち》を言《い》っていると思《おも》ったけど、
話《はな》している内容《ないよう》は聞《き》こえなかったんだ。

たまたま集《あつ》まった子《こ》たちで、
アニメの話《はなし》をしていたとか…？

一《ひと》つの考《かんが》え方《かた》にとらわれずいろんな角度《かくど》で見《み》ること、
考《かんが》え方《かた》がかたよっていないか確認《かくにん》することが大事《だいじ》だよ。

考《かんが》え方《かた》が変《か》わると気持《きも》ちと行動《こうどう》はどうなるかな

14 考《かんが》え方《かた》と気持《きも》ちのつながりに気《き》づこう

プリントを机《つくえ》の上《うえ》に
置《お》いてもらうように
ナオちゃんに頼《たの》んだのに、
教室《きょうしつ》に戻《もど》ったら
ヒロくんの机《つくえ》の上《うえ》には
何《なに》もなかったよ。
「プリントをかくされた!」と
考《かん》えると、怒《おこ》ってしまうけど、
机《つくえ》の中《なか》にしまってくれていた
とわかると、うれしくなるね。
考《かん》え方《かた》が変《か》わると、
気持《きも》ちや行動《こうどう》も
変《か》わってくるよ。

考《かんが》え方《かた》と気持《きも》ち、行動《こうどう》を結《むす》びつけてみよう

君《きみ》はどうかな？

■考《かんが》え方《かた》が気持《きも》ちと行動《こうどう》にどう結《むす》びついているか調《しら》べてみよう。

友達《ともだち》にあいさつしたのに、返事《へんじ》がなくスーッと行《い》ってしまった。

考《かんが》え方《がた》 → **気持《きも》ち** → **行動《こうどう》**

無視《むし》されたのかな…。

いかり	点《てん》
悲《かな》しみ	点《てん》
心配《しんぱい》	点《てん》

次《つぎ》はぼくからは
あいさつしないぞ。

考《かんが》えごとをしていて
気《き》づかなかったのかな

いかり	点《てん》
悲《かな》しみ	点《てん》
心配《しんぱい》	点《てん》

「どうしたの？」と
声《こえ》をかける

「聞《き》こえなかったのかな」と考《かんが》え方《かた》を変《か》えると、
気持《きも》ちの中《なか》の「悲《かな》しみ」や「いかり」「がっかり」が消《き》えた。
行動《こうどう》は「ちょっと大《おお》きな声《こえ》であいさつしてみよう」かな。

同《おな》じできごとでも、ちがう考《かんが》え方《かた》をすると
そのときの気持《きも》ちや行動《こうどう》が変《か》わってくるね。

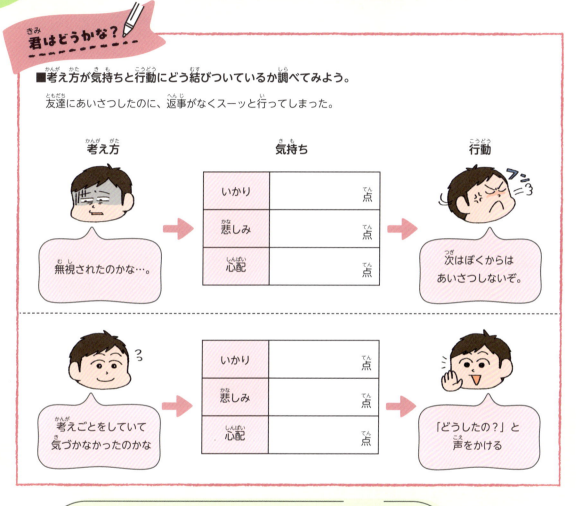

いろんな人《ひと》と
つながろう

15 人《ひと》とつながる
自己紹介《じこしょうかい》を考《かんが》えよう

レジリエンスをきたえるには、
友達《ともだち》やまわりの人《ひと》と
つながることも大切《たいせつ》だよ。
笑顔《えがお》であいさつをしたり、
「ありがとう」を伝《つた》えたり、
だれかを助《たす》けたりすると、
君《きみ》も相手《あいて》も
幸《しあわ》せな気持《きも》ちになるね。
これから新《あたら》しく出会《であ》った人《ひと》に
自己紹介《じこしょうかい》するときを
思《おも》い浮《う》かべて
やってみてもいいね。

上手《じょうず》な自己紹介《じこしょうかい》をしよう

49、51、53ページの「強《つよ》み発見《はっけん》シート」を使《つか》ってみるといいね！

君《きみ》はどうかな？

■上手《じょうず》な自己紹介《じこしょうかい》の「話《はな》す内容《ないよう》」を書《か》いてみよう。

1．名前《なまえ》	(例《れい》) 私《わたし》の名前《なまえ》はユイです。○○学校《がっこう》の○年生《ねんせい》です。
2．自分《じぶん》の特徴《とくちょう》	(例《れい》) 私《わたし》の好《す》きなことは…／得意《とくい》なことは…
3．会話《かいわ》のネタ	(例《れい》) 絵《え》をかくのが好《す》きで、よく犬《いぬ》の絵《え》をかいています。 2．をもう少《すこ》しくわしく話《はな》してみてもいいよ。
4．結《むす》びの言葉《ことば》	(例《れい》) 犬《いぬ》の話《はなし》とか、たくさんできるとうれしいです。よろしくお願《ねが》いします。

ぼくの名前《なまえ》はヒロです。サッカーが好《す》きで
サッカー部《ぶ》に入《はい》っています。最近《さいきん》ハマっているのは
カードゲームです。これからよろしくお願《ねが》いします。

伝《つた》え方《かた》も大切《たいせつ》。ポイントは
①声《こえ》の大《おお》きさ　②表情《ひょうじょう》　③姿勢《しせい》　④相手《あいて》との距離《きょり》だよ。

ちょうどよい距離《きょり》と声《こえ》の大《おお》きさで、
笑顔《えがお》で背筋《せすじ》をピンとして自己紹介《じこしょうかい》してみよう。

話《はなし》を聞《き》く
スキル

16 上手《じょうず》な話《はなし》の聞《き》き方《かた》を身《み》につけよう

相手《あいて》が自分《じぶん》を見《み》て「うん、うん」と聞《き》いてくれるともっと話《はな》したくなることはないかな？
逆《ぎゃく》に、相手《あいて》がだまったままそっぽを向《む》いていると話《はなし》を続《つづ》けにくいよね。

話《はなし》を上手《じょうず》に聞《き》くことはコミュニケーションをとったり相手《あいて》との信頼関係《しんらいかんけい》を高《たか》めたりするのに大切《たいせつ》なんだよ。
上手《じょうず》な話《はなし》の聞《き》き方《かた》について考《かんが》えてみよう。

聞《き》くスキルを身《み》につけよう

君《きみ》はどうかな？

■聞《き》くスキル　4つのポイント

1. 相手《あいて》に体《からだ》を向《む》ける
2. 相手《あいて》の目《め》を見《み》る
3. あいづち・うなずき
4. 最後《さいご》まで話《はなし》を聞《き》く

君《きみ》なら
何《なん》と言《い》うかな？

■4つのポイントを使《つか》って会話《かいわ》してみよう

ねえ聞《き》いて！

君《きみ》：どうしたの？（顔《かお》を向《む》ける、目《め》を見《み》る）

昨日《きのう》、とてもきれいな虹《にじ》を見《み》たんだよ。

君《きみ》：それってすごいね！（あいづち）

あっちの丘《おか》で見《み》たから、今日《きょう》いっしょに見《み》に行《い》かない？

君《きみ》：いいね！そうしよう（最後《さいご》まで話《はなし》を聞《き》く）

相手《あいて》のことを
ちゃんと
見《み》ているかな？

共感《きょうかん》してくれてうれしかったよ。

話《はなし》を聞《き》くときに4つのポイントを意識《いしき》するだけで、
コミュニケーションがとりやすくなるよ。

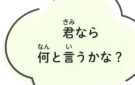

17 自分《じぶん》の気持《きも》ちを話《はな》そう

自分《じぶん》の気持《きも》ちを話《はな》すとき、
相手《あいて》に伝《つた》わらなかったら
悲《かな》しいよね。
それは、相手《あいて》が聞《き》いて
くれないのじゃなくて、
たんに伝《つた》わっていないのかも
しれない。
心《こころ》を伝《つた》える話《はな》し方《かた》を意識《いしき》して、
相手《あいて》に気持《きも》ちを
伝《つた》えられるようになろう。

心《こころ》を伝《つた》える話《はな》し方《かた》を身《み》につけよう

君《きみ》はどうかな？

■心《こころ》を伝《つた》える話《はな》し方《かた》

1. 相手《あいて》に近《ちか》づく
2. 相手《あいて》をきちんと見《み》る
3. 聞《き》こえる声《こえ》で言《い》う
4. 気持《きも》ちを言葉《ことば》にする

君《きみ》なら何《なん》と言《い》うかな？

■4つのポイントを使《つか》って会話《かいわ》してみよう

友達《ともだち》が筆箱《ふでばこ》からペンを勝手《かって》に持《も》って行《い》ってしまった。

君《きみ》：レジりん聞《き》いてくれる？　今《いま》悲《かな》しい気持《きも》ちなんだ。

どうかしたの？

君《きみ》：友達《ともだち》が勝手《かって》にペンを持《も》っていったんだよ。

そんなことがあったんだね。なんでも話《はな》して。

きんちょうして声《こえ》が小《ちい》さくなってしまっていたけれど、相手《あいて》に近《ちか》づいて声《こえ》を大《おお》きめにしたら、ちゃんと伝《つた》わったよ。うれしかった。

うれしいのか。じゃあ、ちゃんと聞《き》いているって気持《きも》ちを伝《つた》えるのも大事《だいじ》なんだね。

話《はな》し方《かた》を意識《いしき》することで、自分《じぶん》の気持《きも》ちが伝《つた》わりやすくなるよ。

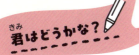

18 上手《じょうず》な断《ことわ》り方《かた》を身《み》につけよう

断《ことわ》る理由《りゆう》と代《か》わりの意見《いけん》を伝《つた》えてみよう

遊《あそ》びにさそってもらっても
別《べつ》の約束《やくそく》があったり、
おうちの人《ひと》に相談《そうだん》しないと
答《こた》えられないこともあるね。
せっかく声《こえ》をかけてくれた
のにって後《うし》ろめたく思《おも》ったり、
どう言《い》ったらいいか
わからなくて困《こま》ったりする
こともあるかもしれない。
断《ことわ》るときは、
さそってくれたお礼《れい》や、
断《ことわ》らなくてはいけなくて
ごめんねという気持《きも》ちを
しっかり伝《つた》えよう。
「いつならだいじょうぶか」、
提案《ていあん》をしてみてもいいね。

上手《じょうず》な断《ことわ》り方《かた》を身《み》につけよう

君《きみ》はどうかな？

■上手《じょうず》な断《ことわ》り方《かた》

「話《はな》す内容《ないよう》」

1. 謝罪《しゃざい》
2. 断《ことわ》る理由《りゆう》
3. 断《ことわ》りの表明《ひょうめい》
4. 代《か》わりの意見《いけん》

「話《はな》す態度《たいど》」

1. 距離《きょり》
2. 相手《あいて》を見《み》る
3. 声《こえ》の大《おお》きさ
4. まじめな表 情《ひょうじょう》

君《きみ》なら
何《なん》と言《い》うかな？

■4つのポイントを使《つか》って会話《かいわ》してみよう

今日《きょう》の放課後《ほうかご》遊《あそ》ぼうよ！

ごめんね。今日《きょう》は習《なら》い事《ごと》があるんだ。明日《あした》遊《あそ》ばない？ 君《きみ》

じゃあ明日《あした》、ナオちゃんちに行《い》かない？

行《い》ってもいいか、おうちの人《ひと》に聞《き》いてみるね。
明日《あした》返事《へんじ》するよ。 君《きみ》

ぼくは「無理《むり》！」ってすごく強《つよ》く断《ことわ》っちゃったことがある。代《か》わりの提案《ていあん》をしてみよう。

できないときは、理由《りゆう》をきちんと話《はな》して断《ことわ》ればいいんだ。

「話《はな》す内容《ないよう》」と「話《はな》す態度《たいど》」の
どちらも意識《いしき》して断《ことわ》るようにしよう。

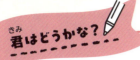

19 いやなお願《ねが》いをされたときの断《ことわ》り方《かた》を知《し》ろう

勇気《ゆうき》を出《だ》して しっかり断《ことわ》ろう

いやなことに
強引《ごういん》に誘《さそ》われたり、
困《こま》ったことをされたりすると
断《ことわ》るのがむずかしいよね。
まずは自分《じぶん》を
落《お》ち着《つ》かせてから、
勇気《ゆうき》をためて断《ことわ》ろう。
いやなことは
しっかり断《ことわ》ることが
自分《じぶん》を大切《たいせつ》にすることに
つながるよ。

いやなことを断《ことわ》ろう

君《きみ》はどうかな？

■いやなことの断《ことわ》り方《かた》

1．自分《じぶん》を落《お》ち着《つ》かせよう
　「落《お》ち着《つ》いて」と心《こころ》の中《なか》で自分《じぶん》に３回《かい》言《い》い聞《き》かせる。
2．勇気《ゆうき》をためよう
　「わたしならしっかりやれる」など、自分《じぶん》と会話《かいわ》をして勇気《ゆうき》をためる。
3．断《ことわ》る理由《りゆう》を伝《つた》えて断《ことわ》ろう
　相手《あいて》を見《み》ながら、聞《き》こえる大《おお》きさの声《こえ》で話《はな》す。

君《きみ》なら
何《なん》と言《い》うかな？

そのゲーム、明日《あした》返《かえ》すからかしてよ。

大事《だいじ》にしているからかせないよ。　君《きみ》

え〜、いいじゃん！

おうちの人《ひと》にもダメだって言《い》われているんだ。　君《きみ》

勇気《ゆうき》が出《で》なくて断《ことわ》れないでいると、何度《なんど》も
いやなことを頼《たの》まれてしまうかもしれないね。

「仲間《なかま》なのに」って言《い》われると、
断《ことわ》りにくいって思《おも》っていたけど…

しんけんな表情《ひょうじょう》できっぱり断《ことわ》ろう。断《ことわ》るのが
むずかしいときは、まわりの大人《おとな》に助《たす》けを求《もと》めてね。

20 相談《そうだん》の仕方《しかた》を知《し》っておこう

だれに
どんなことを
相談《そうだん》できるかな

なやみがあったとき、
君《きみ》はだれかに相談《そうだん》してる？
それとも、
ひとりでかかえこんで
しまっているかな？
解決《かいけつ》しないように
思《おも》えるなやみも、
話《はな》すと心配《しんぱい》をかけると
思《おも》うようなことも、
人《ひと》に言《い》ったらよけいに
ひどいことになると
言《い》われたことでも、
だれかに話《はな》すことで
解決《かいけつ》したり、
気《き》持《も》ちが楽《らく》になったり
することがあるんだよ。

君《きみ》はいろんな人《ひと》とつながっていることを思《おも》い出《だ》そう。
なやみを打《う》ち明《あ》けられる人《ひと》はだれかな？

相談《そうだん》する？しない？

最近《さいきん》ずっと気分《きぶん》が落《お》ち込《こ》んで、ささいなことでもイライラする。
授業《じゅぎょう》を受《う》けていても集中《しゅうちゅう》できないし、よく眠《ねむ》れない日《ひ》が多《おお》い。

君《きみ》はどうかな？

■こんなとき、相談《そうだん》するとどうなるかな。相談《そうだん》しないとどうなるかな。

	だれかに相談《そうだん》すると…	だれかに相談《そうだん》しないと…
こんないいことがありそう		
こうなりそうでいやだ		

相談《そうだん》すると、みんなに広《ひろ》まりそうでいやだと思《おも》っていたけれど、相談《そうだん》すると気持《きも》ちが楽《らく》になったりするんだね。

相談《そうだん》の仕方《しかた》

君《きみ》はどうかな？

■今《いま》の君《きみ》のなやみについて考《かんが》えてみよう。

1．だれに相談《そうだん》する？
安心《あんしん》して相談《そうだん》できる人《ひと》をさがしてみよう。

2．話《はな》す内容《ないよう》は？
話《はな》したいことは何《なん》だろう。話《はな》せる範囲《はんい》はどこまでかな。

友達《ともだち》とうまくいかなくてなやんでいることを、お母《かあ》さんにだったら打《う》ち明《あ》けてもいいかな。でも、その友達《ともだち》の名前《なまえ》は知《し》られたくないよ。

不安《ふあん》だからといってだれにも話《はな》さないのではなく、だれにならどこまで打《う》ち明《あ》けられるか考《かんが》えてみよう。

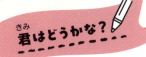

レジリエンス なるほど！ のヒント ③

普段、小学生から高校生までを対象とした授業を行っています。ある中学校では年間を通して、いくつかの選択講座の一つとしてレジリエンスの講座を開講しているのですが、学年の３分の１の生徒がレジリエンス講座を希望してくれたこともありました。生徒の皆さんに受講の動機を聞くと、「興味があるから」だけでなく、「これからの人生でいろいろなことが起きたときにどうするか知っておかないといけないと思ったから」と話してくれる子もいて、子どもたちなりに自分の将来のことを考えていることがわかりました。プログラムを受講した生徒たちからは「これまでストレスにやられっぱなしだったけど、どうすればよいのかわかった」といった声をたくさんいただいています。また講座を通して、レジリエンススキルの向上や不登校傾向の低下なども確認されました[1]。

本プログラムの大きな枠組みとして、「自分の心との向き合い方（心）」「周りの人たちとの関わり方（技）」「自分の体との付き合い（体）」という３つの柱を立てています。これは、日本の社会の中で大事にされている「心・技・体」の考え方をあてはめたものです。これまで日本は、戦争や震災といった大きな出来事を経験しても、そこから回復してきています。そのため、日本社会で大事にされている考え方の中には、すでにレジリエンスにつながる要素があるのではないかと考えました。このモデルや、その考え方に基づいて作成されたプログラムは、「ジャパンレジリエンスアワード（強靭化大賞）2018」にて「最優秀レジリエンス賞」、さらに「ジャパンレジリエンスアワード（強靭化大賞）2019」では「準グランプリ教育機関部門 金賞」を授賞するなど、社会的にも高い評価をいただきました。本書は、その教材をベースとして、ご家庭でも取り組みやすいように作成したものです。

ぜひ子どもたちとの時間に活用していただけたらうれしく思います。

引用
1）小林朋子・横山和佳乃・植木さつき（2022).「総合的な学習の時間」を活かしたレジリエンスプログラムの効果　静岡大学教育学部研究報告（人文・社会・自然科学編）,73,174-183.

Part

4

レジりん物語《ものがたり》
レジりんが活躍《かつやく》するとき

エピソード①

友達《ともだち》が自分《じぶん》をおいて帰《かえ》ってしまった

いつもなら
一緒《いっしょ》に帰《かえ》るのに……

いつも同《おな》じクラスのお友達《ともだち》と、
おしゃべりしながら
楽《たの》しく下校《げこう》している
ナオちゃん。
今日《きょう》は、ナオちゃんが
委員会活動《いいんかいかつどう》で
少《すこ》しおそくなってしまった。
急《いそ》いで教室《きょうしつ》にもどったけれど
お友達《ともだち》はもういない。
まどから校庭《こうてい》を見《み》ると、
お友達《ともだち》が別《べつ》の子《こ》と
先《さき》に帰《かえ》っていくのが見《み》えた。
ナオちゃんは気持《きも》ちが
もやもやしてしまった。

「先《さき》に帰《かえ》るよ」って
言《い》ってくれたら
よかったのに。

もしかして、
今日《きょう》は約束《やくそく》して
いなかったかな。

いじわるじゃない？
○○ちゃんのほうが
好《す》きなのかな。

1人《ひとり》だけ
おいていく
なんて……

もやもやを整理《せいり》してみよう！

☐ 声《こえ》もかけずにおいていかれたことが悲《かな》しかった。

☐ 気《き》づかずに何《なに》かしてしまって、きらわれたのかな。

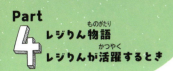

これからどうするか考《かんが》えよう！
こまったときはコレ！

これまでに
身《み》につけたことを
使《つか》ってみよう！
君《きみ》はどれを選《えら》ぶかな？

1 生活習慣《せいかつしゅうかん》を見直《みなお》してみよう

2 自分《じぶん》の強《つよ》みを整理《せいり》してみよう

3 ほっとできる存在《そんざい》を確認《かくにん》しよう

4 がんばっていることを確認《かくにん》しよう

5 「いいところなんかないよ」に魔法《まほう》をかけよう

6 かっこいい自分《じぶん》を想像《そうぞう》してみよう

7 乗《の》り越《こ》えてきたことを整理《せいり》しよう

8 自分《じぶん》の気持《きも》ちに耳《みみ》をかたむけてみよう

9 心《こころ》と体《からだ》のつながりに気《き》づこう

10 リラックス法《ほう》を身《み》につけよう

11 ストレスの背景《はいけい》にある気持《きも》ちを分析《ぶんせき》してみよう

12 ストレス対処《たいしょ》の方法《ほうほう》を見《み》つけよう

13 角度《かくど》を変《か》えて見《み》てみよう

14 考《かんが》え方《かた》と気持《きも》ちのつながりに気《き》づこう

15 人《ひと》とつながる自己紹介《じこしょうかい》を考《かんが》えよう

16 上手《じょうず》な話《はなし》の聞《き》き方《かた》を身《み》につけよう

17 自分《じぶん》の気持《きも》ちを話《はな》そう

18 上手《じょうず》な断《ことわ》り方《かた》を身《み》につけよう

19 いやなお願《ねが》いをされたときの断《ことわ》り方《かた》を知《し》ろう

20 相談《そうだん》の仕方《しかた》を知《し》っておこう

君《きみ》ならどうする？

ナオちゃんが選《えら》んだのは……

13 角度《かくど》を変《か》えて見《み》てみよう

別《べつ》の角度《かくど》から
見《み》てみると、
ちがう考《かんが》え方《かた》が
できるかも。

8 自分《じぶん》の気持《きも》ちに耳《みみ》をかたむけてみよう

自分《じぶん》の気持《きも》ちに
耳《みみ》をかたむけて
気持《きも》ちを知《し》ることが、
感情《かんじょう》のコントロールに
つながるよ。

おいていったんじゃなくて、
私《わたし》が先《さき》に帰《かえ》ったと
かんちがいしていたのかも
しれない。

悲《かな》しい気持《きも》ちと
イライラした気持《きも》ちに
気《き》づいたよ。

レジりんのアドバイス

ナオちゃんになったつもりで、気持《きも》ちに耳《みみ》をかたむけてみようか。
どうしてもやもやしているのかな。どんな気持《きも》ちになったのかな。

自分《じぶん》の気持《きも》ちを、心《こころ》を伝《つた》える話《はな》し方《かた》で伝《つた》えてみてもいいね。
次《つぎ》の日《ひ》に、「委員会活動《いいんかいかつどう》が終《お》わって一緒《いっしょ》に帰《かえ》ろうと思《おも》ったら、
いなくてさびしかったよ。今日《きょう》は一緒《いっしょ》に帰《かえ》れるかな？」と
話《はな》しかけてみたらどうだろう。

エピソード②

運動会《うんどうかい》、自分《じぶん》のせいでビリになってしまった

運動会《うんどうかい》はヒロくんの
大《だい》好《す》きな行事《ぎょうじ》のひとつ。
クラス全員対抗《ぜんいんたいこう》リレーで
1位《い》になれるように、
みんなでたくさん
バトンパスの練習《れんしゅう》を
してきたんだ。
ついにヒロくんの番《ばん》。
バトンは
しっかり受《う》け取《と》れたけど、
足《あし》がもつれて転《ころ》んじゃった！
あっという間《ま》に
ほかのクラスに
ぬかされてしまったよ。
悲《かな》しいし、みんなに
なんと言《い》っていいかも
わからない。

となりのクラスのランナーがすぐ近《ちか》くにいたのがいけないんだ。
みんなおこってるかもしれない。
せっかくみんなで練習《れんしゅう》したのに……
大事《だいじ》なところで失敗《しっぱい》するなんて……

もやもやを整理《せいり》してみよう!

- [ ] 失敗《しっぱい》した自分《じぶん》が情《なさ》けない。
- [ ] クラスのみんながきっとおこっているだろうな。もんくを言《い》われるのがこわい。

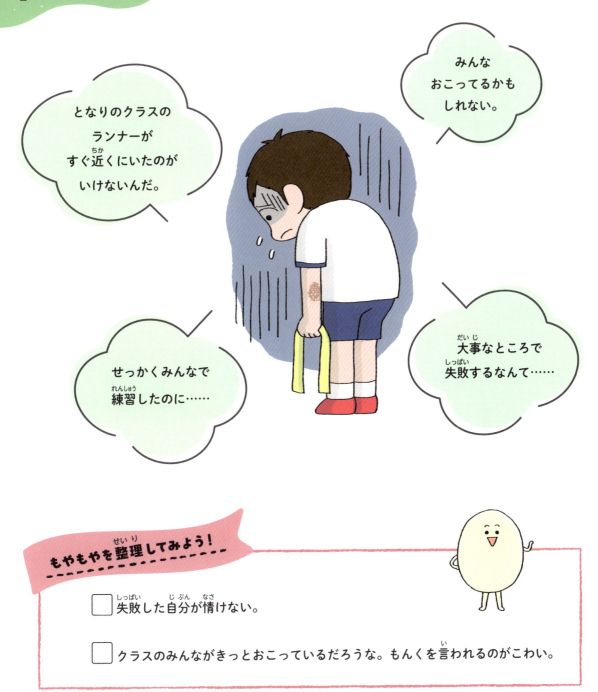

これからどうするか 考《かんが》えよう！ こまったときはコレ！

これまでに
身《み》につけたことを
使《つか》ってみよう！
君《きみ》はどれを選《えら》ぶかな？

1 生活習慣《せいかつしゅうかん》を見直《みなお》してみよう

2 自分《じぶん》の強《つよ》みを整理《せいり》してみよう

3 ほっとできる存在《そんざい》を確認《かくにん》しよう

4 がんばっていることを確認《かくにん》しよう

5 「いいところなんかないよ」に魔法《まほう》をかけよう

6 かっこいい自分《じぶん》を想像《そうぞう》してみよう

7 乗《の》り越《こ》えてきたことを整理《せいり》しよう

8 自分《じぶん》の気持《きも》ちに耳《みみ》をかたむけてみよう

9 心《こころ》と体《からだ》のつながりに気《き》づこう

10 リラックス法《ほう》を身《み》につけよう

11 ストレスの背景《はいけい》にある気持《きも》ちを分析《ぶんせき》してみよう

12 ストレス対処《たいしょ》の方法《ほうほう》を見《み》つけよう

13 角度《かくど》を変《か》えて見《み》てみよう

14 考《かんが》え方《かた》と気持《きも》ちのつながりに気《き》づこう

15 人《ひと》とつながる自己紹介《じこしょうかい》を考《かんが》えよう

16 上手《じょうず》な話《はなし》の聞《き》き方《かた》を身《み》につけよう

17 自分《じぶん》の気持《きも》ちを話《はな》そう

18 上手《じょうず》な断《ことわ》り方《かた》を身《み》につけよう

19 いやなお願《ねが》いをされたときの断《ことわ》り方《かた》を知《し》ろう

20 相談《そうだん》の仕方《しかた》を知《し》っておこう

君《きみ》ならどうする？

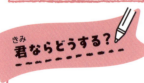

ヒロくんが選《えら》んだのは……

17

自分《じぶん》の気持《きも》ちを
話《はな》そう

心《こころ》を伝《つた》える話《はな》し方《かた》を
思《おも》い出《だ》して、
君《きみ》の気持《きも》ちを
話《はな》してみよう。

3

ほっとできる
存在《そんざい》を確認《かくにん》しよう

君《きみ》を支《ささ》えてくれる存在《そんざい》、
いやしてくれる存在《そんざい》は
何《なん》だったかな？

クラスの友達《ともだち》に、
今《いま》の気持《きも》ちを
話《はな》してみようかな。

家《いえ》に帰《かえ》ったら、
お母《かあ》さんに話《はなし》を
聞《き》いてもらいたいな。

\レジりんの/ アドバイス

落《お》ちこんだときのことを、ぐるぐると頭《あたま》の中《なか》で考《かんが》えてしまう子《こ》もいると思《おも》うんだ。そんなときは、書《か》き出《だ》しておいたコーピングをすぐに実《じっ》行《こう》するのもいいね。

それに、一緒《いっしょ》にたくさん練習《れんしゅう》したんだ。１位《い》になれなかったとおこっている人《ひと》もいるかもしれないけれど、大丈夫《だいじょうぶ》だよとはげましてくれる友達《ともだち》もいるよね。つらいときにはげましてくれる子《こ》も、きみの「強《つよ》み」になるんだよ。

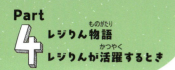

エピソード③

友達《ともだち》からゲームのアイテムをせがまれる

おこづかいを貯《た》めて
せっかく買《か》った
アイテムなのに……

ヒロくんが
ゲームで遊《あそ》んでいると、
同《おな》じゲームで
遊《あそ》んでいる友達《ともだち》から、
アイテムをゆずってほしいと
言《い》われたよ。
お気《き》に入《い》りのアイテムだし、
有料《ゆうりょう》だからあげたくないのに、
「友達《ともだち》だろ？」って、
何度《なんど》もせがんでくるんだ。
ぼくだって友達《ともだち》だとは
思《おも》っているけど……。
でも、あげないと
仲《なか》が悪《わる》くなってしまうかな。
どうしたらいいのかな。

そんなに欲《ほ》しいなら
買《か》ってもらえば
いいのに。
一度《いちど》あげたら、
これからも欲《ほ》しいって
言《い》われ続《つづ》けるかも
しれない。
ゲームしてるのに
楽《たの》しくないなあ。
有料《ゆうりょう》のものをあげたら、
お母《かあ》さんや先生《せんせい》に
怒《おこ》られそう。

もやもやを整理《せいり》してみよう！

- [ ] あげたくないのにしつこくされてこまっている。
- [ ] あげなかったら、悪口《わるくち》を言《い》われるとか何《なに》かされちゃうのか不安《ふあん》だな。

これまでに
身《み》につけたことを
使《つか》ってみよう！
君《きみ》はどれを選《えら》ぶかな？

これからどうするか考《かんが》えよう！こまったときはコレ！

4 がんばっていることを確認《かくにん》しよう	3 ほっとできる存在《そんざい》を確認《かくにん》しよう	2 自分《じぶん》の強《つよ》みを整理《せいり》してみよう	1 生活習慣《せいかつしゅうかん》を見直《みなお》してみよう
8 自分《じぶん》の気持《きも》ちに耳《みみ》をかたむけてみよう	7 乗《の》り越《こ》えてきたことを整理《せいり》しよう	6 かっこいい自分《じぶん》を想像《そうぞう》してみよう	5 「いいところなんかないよ」に魔法《まほう》をかけよう
12 ストレス対処《たいしょ》の方法《ほうほう》を見《み》つけよう	11 ストレスの背景《はいけい》にある気持《きも》ちを分析《ぶんせき》してみよう	10 リラックス法《ほう》を身《み》につけよう	9 心《こころ》と体《からだ》のつながりに気《き》づこう
16 上手《じょうず》な話《はなし》の聞《き》き方《かた》を身《み》につけよう	15 人《ひと》とつながる自己紹介《じこしょうかい》を考《かんが》えよう	14 考《かんが》え方《かた》と気持《きも》ちのつながりに気《き》づこう	13 角度《かくど》を変《か》えて見《み》てみよう
20 相談《そうだん》の仕方《しかた》を知《し》っておこう	19 いやなお願《ねが》いをされたときの断《ことわ》り方《かた》を知《し》ろう	18 上手《じょうず》な断《ことわ》り方《かた》を身《み》につけよう	17 自分《じぶん》の気持《きも》ちを話《はな》そう

君《きみ》ならどうする？

ヒロくんが選《えら》んだのは……

20
相談《そうだん》の仕方《しかた》を
知《し》っておこう

▼

まわりにいる
いろんな人《ひと》たちの誰《だれ》かに、
こまっていることを
相談《そうだん》してみよう。

19
いやなお願《ねが》いを
されたときの
断《ことわ》り方《かた》を知《し》ろう

▼

勇気《ゆうき》をためて
きっぱり断《ことわ》ろう。
断《ことわ》りきれないときは、
大人《おとな》に助《たす》けを求《もと》めてね。

このことを
担任《たんにん》の先生《せんせい》に
相談《そうだん》してみるよ。

「おこづかいを貯《た》めて
買《か》ったんだから
あげられないよ」と伝《つた》えて
きっぱり断《ことわ》るよ。

レジりんのアドバイス

君《きみ》が大切《たいせつ》にしている物《もの》やお金《かね》を友達《ともだち》にとられそうになったら、
君《きみ》が信頼《しんらい》できるまわりの大人《おとな》に相談《そうだん》することが大切《たいせつ》だよ。
友達関係《ともだちかんけい》が悪《わる》くなるのでは、親《おや》に迷惑《めいわく》がかかるのではなどと
心配《しんぱい》になるかもしれないけど、そんなことはないんだよ。
もしかすると、どんどんエスカレートしていく可能性《かのうせい》もあるから、
なるべく早《はや》いうちに相談《そうだん》できるといいね。大人《おとな》が勝手《かって》に友達《ともだち》を
しかったりするのが不安《ふあん》なら、その気持《きも》ちも伝《つた》えられるといいよ。
「断《ことわ》る」ことも「話《はな》す」ことも勇気《ゆうき》がいることだよね。
その「勇気《ゆうき》」がとっても大事《だいじ》なんだ。
これまでワークをがんばってきた君《きみ》ならきっとできるよ。

エピソード④

家《いえ》の事情《じじょう》で突然《とつぜん》転校《てんこう》することになった

この子《こ》と
同《おな》じクラスじゃないと
だめなのに……

ユイちゃんには、
1年生《ねんせい》のころから
ずっと同《おな》じクラスの
仲《なか》のよい友達《ともだち》がいるよ。
その子《こ》とは好《す》きな本《ほん》の話《はなし》で
もり上《あ》がったり、
休日《きゅうじつ》に家族《かぞく》と出《で》かけて
楽《たの》しかった話《はなし》をしたり、
ひみつの手紙《てがみ》のやりとりを
したりした。
でも、おうちの人《ひと》から、
家《いえ》の事情《じじょう》で来月《らいげつ》転校《てんこう》することに
なったと聞《き》かされた。
気《き》の合《あ》う、大好《だいす》きな友達《ともだち》と
はなれてしまうなんて……。

新《あたら》しい学校《がっこう》の先生《せんせい》や友達《ともだち》がこわい人《ひと》たちだったらどうしよう。
友達《ともだち》と会《あ》えなくなるなんていやだ。転校《てんこう》なんかしたくない！
仲《なか》のいい子《こ》がいなくなっちゃう。大事《だいじ》な話《はなし》を誰《だれ》としたらいいのかな。
新《あたら》しい学校《がっこう》で友達《ともだち》ができるか心配《しんぱい》。

もやもやを整理《せいり》してみよう！

- ☐ 友達《ともだち》と会《あ》えなくなるのがさびしい。
- ☐ 新《あたら》しい学校《がっこう》で仲《なか》のよい友達《ともだち》ができるか心配《しんぱい》。

これからどうするか 考《かんが》えよう！ こまったときはコレ！

これまでに
身《み》につけたことを
使《つか》ってみよう！
君《きみ》はどれを選《えら》ぶかな？

1 生活習慣《せいかつしゅうかん》を見直《みなお》してみよう

2 自分《じぶん》の強《つよ》みを整理《せいり》してみよう

3 ほっとできる存在《そんざい》を確認《かくにん》しよう

4 がんばっていることを確認《かくにん》しよう

5 「いいところなんかないよ」に魔法《まほう》をかけよう

6 かっこいい自分《じぶん》を想像《そうぞう》してみよう

7 乗《の》り越《こ》えてきたことを整理《せいり》しよう

8 自分《じぶん》の気持《きも》ちに耳《みみ》をかたむけてみよう

9 心《こころ》と体《からだ》のつながりに気《き》づこう

10 リラックス法《ほう》を身《み》につけよう

11 ストレスの背景《はいけい》にある気持《きも》ちを分析《ぶんせき》してみよう

12 ストレス対処《たいしょ》の方法《ほうほう》を見《み》つけよう

13 角度《かくど》を変《か》えて見《み》てみよう

14 考《かんが》え方《かた》と気持《きも》ちのつながりに気《き》づこう

15 人《ひと》とつながる自己紹介《じこしょうかい》を考《かんが》えよう

16 上手《じょうず》な話《はなし》の聞《き》き方《かた》を身《み》につけよう

17 自分《じぶん》の気持《きも》ちを話《はな》そう

18 上手《じょうず》な断《ことわ》り方《かた》を身《み》につけよう

19 いやなお願《ねが》いをされたときの断《ことわ》り方《かた》を知《し》ろう

20 相談《そうだん》の仕方《しかた》を知《し》っておこう

君《きみ》ならどうする？

ユイちゃんが選《えら》んだのは……

15
人《ひと》とつながる
自己紹介《じこしょうかい》を考《かんが》えよう

上手《じょうず》な自己紹介《じこしょうかい》で、
人《ひと》とのつながりを
作《つく》っていこう。

13
角度《かくど》を変《か》えて
見《み》てみよう

別《べつ》の角度《かくど》から見《み》てみると、
ちがう考《かんが》え方《かた》が
できるかも。

新《あたら》しい学校《がっこう》の子《こ》たちに
自分《じぶん》のことを話《はな》して、
仲《なか》よくなっていきたいな。

なかなか会《あ》えなくなるけど、
メールをしたり、
手紙《てがみ》を書《か》いたりして
連絡《れんらく》をとりあえたらうれしいね。

レジりんのアドバイス

これまで人間関係《にんげんかんけい》で悩《なや》んだときに、
どんなふうに乗《の》りこえてきたか思《おも》い出《だ》してみよう。

友達《ともだち》は近《ちか》くにはいなくなるけど、友達《ともだち》じゃなくなるわけじゃない。

新《あたら》しい学校《がっこう》で、話《はなし》の合《あ》う人《ひと》がいるかもしれない。

それでも悲《かな》しかったり、クラスで一人《ひとり》になるこわさが消《き》えない感《かん》じはあるかもしれないね。そう思《おも》ってしまうことは自然《しぜん》なことで、
今《いま》、君《きみ》が新《あたら》しい場所《ばしょ》でがんばろうとしている証拠《しょうこ》なんだよ。

でもそんなときこそ、呼吸法《こきゅうほう》やリラックス法《ほう》もやってみてね。

力《ちから》がすーっとぬけて、自分《じぶん》らしくいられると思《おも》うよ。

エピソード⑤

地震《じしん》が起《お》きて、大《おお》きな被害《ひがい》が出《で》た

こわいのが
止《と》まらない…

ナオちゃんたちの住《す》んでいる
地域《ちいき》で大《おお》きな地震《じしん》が起《お》きた。
幸《さいわ》いなことにナオちゃんたち
家族《かぞく》にケガはなかったけれど、
家具《かぐ》がたおれて
家《いえ》の中《なか》がぐちゃぐちゃに
なってしまった。
家族《かぞく》で避難所《ひなんじょ》に避難《ひなん》したけど、
いつもザワザワしていて
落《お》ち着《つ》かない。
仲《なか》のよい友達《ともだち》や先生《せんせい》にも
会《あ》えていないから、
みんなどうしているかなと
心配《しんぱい》になる。
地震《じしん》はまだ続《つづ》いているし、
特《とく》に夜《よる》になると
不安《ふあん》で眠《ねむ》れない。

もやもやを整理《せいり》してみよう！

- [ ] 家《いえ》がたおれたり、街《まち》がぐちゃぐちゃになっているのを見《み》てショック……。
- [ ] これから先《さき》どうなるか見通《みとお》しが立《た》たず不安《ふあん》。

これからどうするか考《かんが》えよう！こまったときはコレ！

これまでに
身《み》につけたことを
使《つか》ってみよう！
君《きみ》はどれを選《えら》ぶかな？

1. 生活《せいかつ》習慣《しゅうかん》を見直《みなお》してみよう
2. 自分《じぶん》の強《つよ》みを整理《せいり》してみよう
3. ほっとできる存在《そんざい》を確認《かくにん》しよう
4. がんばっていることを確認《かくにん》しよう
5. 「いいところなんかないよ」に魔法《まほう》をかけよう
6. かっこいい自分《じぶん》を想像《そうぞう》してみよう
7. 乗《の》り越《こ》えてきたことを整理《せいり》しよう
8. 自分《じぶん》の気持《きも》ちに耳《みみ》をかたむけてみよう
9. 心《こころ》と体《からだ》のつながりに気《き》づこう
10. リラックス法《ほう》を身《み》につけよう
11. ストレスの背景《はいけい》にある気持《きも》ちを分析《ぶんせき》してみよう
12. ストレス対処《たいしょ》の方法《ほうほう》を見《み》つけよう
13. 角度《かくど》を変《か》えて見《み》てみよう
14. 考《かんが》え方《かた》と気持《きも》ちのつながりに気《き》づこう
15. 人《ひと》とつながる自己紹介《じこしょうかい》を考《かんが》えよう
16. 上手《じょうず》な話《はなし》の聞《き》き方《かた》を身《み》につけよう
17. 自分《じぶん》の気持《きも》ちを話《はな》そう
18. 上手《じょうず》な断《ことわ》り方《かた》を身《み》につけよう
19. いやなお願《ねが》いをされたときの断《ことわ》り方《かた》を知《し》ろう
20. 相談《そうだん》の仕方《しかた》を知《し》っておこう

君《きみ》ならどうする？

ナオちゃんたちは……

12 ストレス対処《たいしょ》の方法《ほうほう》を見《み》つけよう

君《きみ》のコーピングはどんなことだったかな？

1 生活習慣《せいかつしゅうかん》を見直《みなお》してみよう

生活習慣《せいかつしゅうかん》が整《ととの》うと、レジリエンスが育《そだ》つんだったね。

3 ほっとできる存在《そんざい》を確認《かくにん》しよう

君《きみ》を支《ささ》えてくれる存在《そんざい》、いやしてくれる存在《そんざい》は何《なん》だったかな？

10 リラックス法《ほう》を身《み》につけよう

リラックスする呼吸法《こきゅうほう》と肩《かた》のリラックス法《ほう》があったね。

こわくて眠《ねむ》れないかもしれないけど、できるだけしっかり睡眠《すいみん》をとるようにしたいな。

レジりんのアドバイス

災害《さいがい》などの、これまでに経験《けいけん》したことのないことが起《お》こると、とても大《おお》きなストレスがかかることがあるよ。眠《ねむ》れなくなったり、ご飯《はん》が食《た》べられなくなったり、イライラしたり、不安《ふあん》になったりする人《ひと》もいるかもしれないけど、それは大変《たいへん》なことを経験《けいけん》したら、当《あ》たり前《まえ》のことなんだ。だから安心《あんしん》してほしい。
そして、みんなのレジリエンスパワーを発揮《はっき》するタイミングだから、これまでにやってきたワークでできそうなことから少《すこ》しずつやってみてほしいんだ。自分《じぶん》のペースで回復《かいふく》していくよ。

おわりに

保護者の皆様へ

　この本を通して、お子様のレジりんはどのように成長したでしょうか？　お子様らしい個性あふれるレジりんが誕生し、日々の生活の中で成長していったでしょうか。その様子を想像するだけで、とてもワクワクした気持ちになります。本書に書かれていることは、何か特別に新しいことばかりではなく、「当たり前」のこともたくさんあったと思います。しかし、現代的な忙しい日々を過ごしている中で、大人も子どももその「当たり前」を忘れ、実行できなくなってしまうこともあると思います。レジリエンスは特別な力ではなく、私たちに当たり前に備わっているものです。そこに気づいて、大変なことに出会ったときに、「あ、ここでレジリエンスを発揮するタイミングだ」と思っていただけるだけでも、混乱した気持ちの中で、少しだけ冷静な部分ができると思います。それが、レジりんが、「今だよ」と心の中で語りかけてくるタイミングなのです。

　レジリエンスの力は1回読んだだけで身につくわけではありません。さまざまな問題に出会ったときにはこの本を本棚から取り出し、「何ができるかな」「どうするとよいかな」と、繰り返し一緒に考えてあげていただけたらと思います。慣れてきたら、子どもが一人で本を手に取って考えてみてもいいと思います。そうすることで、ネガティブな方向に考えたり行動したりすることが減ることでしょう。困ったときに「この本を手に取る」という行動自体が、レジリエンスを発揮しているとも言えるのです。

この本を通して小学生のうちからレジリエンスにつながる行動や考え方を身につけておくと、中学生や高校生になりさまざまな問題に対処しなくてはいけなくなっていったときにも役立つことと思います。

現代のように混沌とした時代には、子どもたちだけでなく、大人にとってもレジリエンスは大切です。「子ども向けだから」と考えず、大人の方の人生の困難にもこの本を役立てていただけたらうれしく思います。

最後になりますが、本書を出すにあたり、イラストレーターの入江久絵さん、ナツメ出版企画の柳沢さん、エディポックの山口さん、古川さん、長井さんに大変お世話になりました。皆さんのおかげで、たくさんの人の思いがつまったレジりんを子どもたちに届けることができました。心より感謝申し上げます。

Special Thanks マロンさん、祐大郎さん、静岡大学子どもレジリエンス研究所伊藤久美子さん、稲森恵さん、小林朋子研究室のゼミ生の皆さん、卒業した院生の皆さん

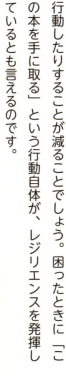

● 著　者 ●

小林朋子（こばやし　ともこ）

静岡大学教育学部教授・静岡大学子どもレジリエンス研究所所長

博士（教育学）、臨床心理士、公認心理師、学校心理士スーパーバイザー

専門は、学校心理学、学校臨床心理学。スクールカウンセラーとして勤務しながら、各地の被災地でこころのケアの活動を行う。子どもの「レジリエンス」についての研究を続けるなかで得た知見に基づいたレジリエンスプログラムを開発し、小学校から高校までの幅広い年代の子どもたちに授業実践を行っている。主な著書に『しなやかな子どもを育てるレジリエンス・ワークブック』（東山書房）、子ども向けの監訳として『キッズなやみかいけつ　子どもレジリエンスシリーズ』（岩崎書店）などがある。

静岡大学教育学部小林朋子研究室

HP：http://tomokoba.mt-100.com/

静岡大学子どもレジリエンス研究所

HP：https://mt-100.com/resilience/

● イラストレーター ●

入江久絵（いりえ　ひさえ）

北海道在住。夫と娘と三人暮らし。

子どもの頃からお絵かきが大好きで、

プログラマーを経てイラストレーターに。

親しみやすく、ふふっと笑える作風。

雑誌や書籍等のイラスト・マンガで活躍中。

● スタッフ ●

本文デザイン　松崎知子

編集協力　株式会社エディポック（古川陽子、長井茉莉子）

編集担当　柳沢裕子（ナツメ出版企画株式会社）

立《た》ち直《なお》る力《ちから》を育《そだ》てる本《ほん》

困難《こんなん》をしなやかに乗《の》り越《こ》える「レジリエンス」がわかる

2025年5月2日　初版発行

著　者　小林《こばやし》 朋《とも》子《こ》

発行者　田村 正隆

発行所　株式会社ナツメ社

東京都千代田区神田神保町1-52　ナツメ社ビル1F（〒101-0051）

電話　03（3291）1257（代表）　FAX　03（3291）5761

振替　00130-1-58661

制　作　ナツメ出版企画株式会社

東京都千代田区神田神保町1-52　ナツメ社ビル3F（〒101-0051）

電話　03（3295）3921（代表）

印刷所　TOPPANクロレ株式会社

ISBN978-4-8163-7707-5　Printed in Japan

本書に関するお問い合わせは、書名・発行日・該当ページを明記の上、下記のいずれかの方法にてお送りください。電話でのお問い合わせはお受けしておりません。

・ナツメ社webサイトの問い合わせフォーム
https://www.natsume.co.jp/contact

・FAX（03-3291-1305）

・郵送（左記、ナツメ出版企画株式会社宛て）

なお、回答までに日にちをいただく場合があります。

正誤のお問い合わせ以外の書籍内容に関する解説・個別の相談は行っておりません。あらかじめご了承ください。